ECO-HOUSES
ÖKOHÄUSER
MAISONS ÉCOLOGIQUES

ÖKOHÄUSER | MAISONS ÉCOLOGIQUES

ECO-HOUSES

BARBARA LINZ

h.f.ullmann

Contents | Inhaltsverzeichnis | Sommaire

Introduction

While we live according to principles of environmental compatibility, residential building continues to allow very high energy waste. The 21st century brought international recognition that the assumption of climate change is accurate. Many governments established standards for energy-saving building, which individual home owners will have to comply with in coming years.

Today, zero-impact technologies are the imperative, after a long period of accumulated conventional home technologies has driven electrical usage ever higher. Energy-conserving living strives to do without artificial air-conditioning in hot regions and to produce heat energy without using raw materials in temperate and cool areas. In both cases, orientation to the sun plays a central role. The arrangement of openings in a building's facade is the key. Large southern windows—so-called energy traps—trap the incoming rays, and heavy materials like concrete, arranged behind the window, serve as a heat-storing mass that slowly releases warmth over an extended time. Large canopies or latticed permanently-installed blinds shade openings in summer but allow the weaker winter sunlight deep into rooms. Such a house with sun traps, a thick layer of insulation and heat-recovery technology is what we call a passive house.

Alongside the goal of saving energy is that of sustainability. Recycled building materials provide new esthetic possibilities. Wood occupies the leading position among eco-friendly materials. It stores large amounts of the greenhouse gas CO_2—even in a finished state—and is a warm building material that works well for insulation, especially in the form of fiber products made of wood waste, i.e., recycled material.

Today we know that not only the energy performance of the completed house contributes to its ecological footprint, but its entire life cycle from construction through recycling does, too. All materials, including the energy used in their processing, are part of environmental performance. Solar cells or unfinished wood surfaces, the attributes typically associated with eco- architecture, are often not present today. Exposed concrete, exotic wood and glass dominate, far removed from the dated alternative esthetic.

Während wir unser Leben an Prinzipien der Umweltverträglichkeit aus-
richten, lässt die Wohnarchitektur nach wie vor sehr hohe Energieverluste zu. Das 21. Jahrhundert brachte das internationale Eingeständnis,
dass die These vom Klimawandel zutrifft. Viele Regierungen etablierten
Maßnahmen zum energiesparenden Bauen, die auch der Eigenheimbe-
sitzer in den kommenden Jahren umsetzen muss.

Kluge, verbrauchsneutrale Technologien sind heute das Gebot der Stunde,
nachdem lange Zeit geballte konventionelle Technik im Wohnbereich
den Stromverbrauch immer weiter in die Höhe trieb. Energiesparendes
Wohnen strebt in den heißen Klimaregionen den Verzicht auf künstliche
Klimatisierung und in den mittleren und kühlen Zonen die rohstoffun-
abhängige Erzeugung von Wärmeenergie an. Eine zentrale Rolle spielt in
beiden Fällen die Ausrichtung auf die Sonne. Die Anordnung der Fassa-
denöffnungen eines Hauses ist der Schlüssel. Große Südfenster – soge-
nannte Energiefallen – fangen die auftreffende Strahlung ein, und dahinter angeordnete schwere Materialien, wie etwa Beton, dienen als
Wärmespeichermassen, die diese Wärme über längere Zeit langsam wieder abgeben. Große Vordächer oder gitterförmige fest installierte Jalou-
sien schatten die Öffnungen im Sommer ab, lassen das flach einfallende
Sonnenlicht im Winter aber tief in die Räume eindringen. Ein solches
Haus mit Sonnenfallen, einer dichten Isolierungshülle und Wärmerück-
gewinnungstechnik wird zum sogenannten Passivhaus.

Neben das Ziel des Energiesparens ist das der Nachhaltigkeit getreten.
Recycelte Baustoffe eröffnen neue ästhetische Möglichkeiten. Den Spit-
zenplatz unter den ökologisch günstigen Materialien belegt Holz. Der
nachwachsende Rohstoff speichert große Mengen des Treibhausgases CO_2
– auch noch in verarbeitetem Zustand – und ist ein warmer Baustoff, mit
dem sich gut isolieren lässt, besonders in Form von Faserprodukten aus
Holzabfall, also wiederverwertetem Material.

Heute weiß man, dass nicht nur die energetische Performance des ferti-
gen Hauses zu seiner Ökobilanz beiträgt, sondern sein gesamter Lebens-
zyklus von der Herstellung bis zum Recycling. Alle Materialien gehen
einschließlich der bei ihrer Verarbeitung verbrauchten Energie in diese
Bilanz mit ein.

Solarzellen oder unbehandelte Holzoberflächen, die Attribute, die man
gemeinhin noch mit ökologischer Architektur verbindet, fehlen heute
oft. Es dominieren Sichtbeton, Edelholz und Glas, fernab von überholter
Alternativästhetik.

Tandis que nous adaptons nos vies aux principes de l'écocompatibilité, l'architecture résidentielle continue d'entraîner de grands gaspillages d'énergie. Le XIXe siècle a vu une prise de conscience internationale sur le réchauffement climatique, et de nombreux gouvernements ont mis en place des standards pour l'économie d'énergie dans la construction, qui deviendront bientôt obligatoires pour les propriétaires privés.

Aujourd'hui, les technologies neutres sont un impératif, après que l'accumulation des technologies domestiques traditionnelles ait fait redoubler la consommation d'électricité. L'habitat écocompatible s'efforce de se passer de l'air conditionné artificiel dans les régions chaudes et de produire de l'énergie thermique sans matières premières dans les zones tempérées et froides. Dans les deux cas, l'orientation par rapport au soleil joue un rôle fondamental. La distribution des ouvertures sur les façades est la clé. De grandes fenêtres au sud captent les rayons incidents, et les matériaux massifs placés derrière, comme le béton, stockent l'énergie et libèrent lentement la chaleur sur de longues périodes. De grands avant-toits ou des stores fixes donnent de l'ombre aux ouvertures en été, mais laissent pénétrer les rayons du soleil d'hiver, plus bas dans le ciel. Ce type de maison dotée de pièges à soleil, d'une épaisse couche d'isolation et d'une technologie de récupération de l'énergie est ce que l'on appelle une maison passive.

L'objectif de l'économie d'énergie est complété par l'objectif de durabilité, et les matériaux de construction recyclés ouvrent de nouvelles possibilités esthétiques. Le bois occupe la position d'honneur parmi les matériaux écologiques. Il absorbe de grandes quantités de dioxyde de carbone, un gaz à effet de serre, et ce, même lorsqu'il est transformé. C'est un matériau chaud qui se prête bien à l'isolation, surtout sous forme de fibres de chutes de bois, c'est-à-dire de produit recyclé.

Aujourd'hui, nous savons que ce n'est pas seulement la performance énergétique d'une maison finie qui contribue à son empreinte carbone, mais aussi l'ensemble de son cycle de vie, de sa construction à son recyclage. Tous les matériaux, ainsi que l'énergie consommée par leur traitement, entrent dans le calcul de l'efficience énergétique.

Les cellules photovoltaïques ou les surfaces en bois brut, des attributs typiques de l'écoarchitecture, sont souvent absentes aujourd'hui. Le béton brut, les bois exotiques et le verre dominent, loin de l'esthétique alternative qui a fait son temps.

PROJEKTE | PROJETS

PROJECTS

amrein giger architekten

Residential House in Wohlen (Switzerland)

The reasonably priced home for a young family is accentuated by the unique view of the building. Each side of the flexible structure presents a different face. The one-story volume rises to double height under an angled roof. The elegant curve of the ceiling is visible and noticeable throughout the interior. The heart of the home is the open kitchen, a two-story room with a gallery. Aside from the concrete foundation walls, the entire house is made of prefabricated wooden elements. As a result, the interior appears as a cohesive space and seems very generous. The house's technical elements meet the most modern requirements. The heating demand is 60kWh/(m²a), whereby that the building meets the requirements of 'Minergie-Standard', a Swiss standard for low energy-use houses. The main method for conserving energy is a comfort air-conditioning unit that forces the warmth left in the used air from the rooms into the incoming fresh air, so very little warmth is lost.

Wohnhaus in Wohlen (Schweiz)

Das kostengünstige Wohnhaus für eine junge Familie ist durch den eigenwilligen Gebäudeschnitt akzentuiert. Der plastische Baukörper präsentiert sich von jeder Seite anders. Unter einem gefalteten Dach wächst das eingeschossige Volumen auf die doppelte Höhe. Innen bleibt der elegante Schwung der Decke überall sicht- und spürbar. Das Herz des Hauses ist die offene Küche, ein zweigeschossiger Raum mit Galerie. Außer den betonierten Fundamentmauern ist das ganze Haus aus vorgefertigten Holzelementen aufgebaut. Dadurch erscheint das Innere als zusammenhängender Raum und wirkt sehr großzügig. Die Haustechnik genügt modernsten Anforderungen. Der Heizwärmebedarf liegt bei 60 kWh/(m²a), womit das Gebäude beispielsweise die Kriterien des Minergie-Standard erfüllt, einem schweizerischen Standard für Niedrigenergiehäuser. Zentrales Mittel der Energieeinsparung ist dabei eine Komfortlüftungsanlage, die die in verbrauchter Raumluft enthaltene Wärme an zuströmende Frischluft übergibt, weshalb kaum Wärmeenergie verloren gehen kann.

Maison à Wohlen (Suisse)

Cette maison économique conçue pour une jeune famille est accentuée par un profil très personnel. Chaque côté de l'édifice présente un aspect différent. Le volume d'un étage atteint une double hauteur sous l'angle du toit, et la courbe élégante du plafond est visible de partout à l'intérieur. Le cœur de la maison est la cuisine ouverte, un espace à deux étages doté d'une galerie. À l'exception des murs porteurs en béton, toute la maison est construite avec des éléments préfabriqués en bois, ce qui confère à l'espace intérieur un caractère homogène et très généreux. La partie technique de la maison satisfait aux exigences les plus modernes. Pour le chauffage, les besoins énergétiques ne dépassent pas 60 kWh/(m²a), l'édifice satisfait donc, par exemple, aux critères du « certificat de minergie » suisse pour les constructions à basse consommation d'énergie. La principale méthode d'économie d'énergie est le dispositif d'air conditionné, qui transfère à l'air frais entrant la chaleur de l'air intérieur utilisé, ce qui élimine pratiquement toute perte d'énergie.

A large arcadia door, set diagonally over the southeast corner of the house, opens onto a patio-like seating area.

Ein großes, schräg über die Südostecke des Hauses eingeschnittenes Schiebefenster öffnet sich zum patioartigen Sitzplatz hin.

Une grande fenêtre coulissante ouverte dans l'angle sud-est de la maison s'ouvre en biais sur une cour intérieure aménagée en espace de détente.

The building cleverly integrates interior and exterior spaces.

Das Gebäude verbindet geschickt Innen- und Außenräume.

L'édifice intègre adroitement les espaces intérieurs et extérieurs.

Three steps lead down from the cooking area to the living and eating area. Just a few steps away is an outdoor seating area.

Drei Treppenstufen führen von der Kochstelle in den Wohn- und Essbereich hinunter, wenige Schritte weiter befindet sich der Außensitzplatz.

Trois marches d'escalier mènent de la cuisine à l'espace repas et à la salle de séjour. Le coin séjour de la cour intérieure se trouve à quelques pas.

All of the housing units have protected patios, roof terraces and
private yards, as well as the com-
mon green area.

Alle Hauseinheiten verfügen über
geschützte Terrassen, Dachterrassen und Privatgärten sowie die
gemeinsame Grünfläche.

Toutes les unités d'habitation
disposent de terrasses couvertes,
de terrasses de toit et de jardins
privés, ainsi que d'un espace vert
commun.

Beneath the unfinished, low-maintenance larch siding is an effective insulation of paper.

Unter der naturbelassenen, wartungsfreundlichen Lärchenholz-verschalung befindet sich eine effektive Wärmedämmung aus Papier.

Une couche d'isolation thermique efficace en papier se trouve sous l'écorce naturelle de mélèze, facile d'entretien.

The façades are broken into very different shapes and sizes using wood-frame double-glazed windows.

Die Fassaden sind durch lasierte Holzisolierfenster in unterschiedlichster Form und Größe gegliedert.

Les façades sont différenciées les unes des autres grâce à des fenêtres à double vitrage et à cadres en bois vernis de formes et dimensions variées.

Warm-water collectors are integrated into the upper areas of the winter garden windows and roof.

In den oberen Bereich der Wintergartenverglasung und in das Wintergartendach sind Warmwasserkollektoren integriert.

Des capteurs pour l'eau chaude sont intégrés dans la partie frontale supérieure et dans le plafond de la serre.

The house's foundation includes a provision for introducing fuel to the biomass heater.

Am Haussockel befindet sich eine Einfüllvorrichtung für die Biomasseheizung.

Le soubassement de la maison est équipé d'un dispositif de remplissage pour le chauffage par biomasse.

The winter garden is the home's heat trap. It complements the living area but serves primarily as a warmth buffer and storage area.

Der Wintergarten ist die Sonnen-falle des Hauses. Er ergänzt die Wohnfläche, dient aber insbe-sondere als Wärmepuffer und -speicher.

La serre est le piège à soleil de la maison. Elle complète la surface habitable, mais sert surtout à stocker et réguler la chaleur.

A particularly effective method for conserving heat is the controlled air-conditioning network.

Ein hocheffektives Mittel zur Wärmeenergieeinsparung sind kontrollierte Lüftungsanlagen.

Le système d'aération contrôlée est un moyen particulièrement efficace pour économiser l'énergie thermique.

In this house, an air-ground heat-exchanger system enables warmth to be recaptured in the air-conditioning system.

Bei diesem Haus erfolgt die Lüftungswärmerückgewinnung über einen Erde-Luft-Wärmetauscher.

Dans cette maison, un échangeur de chaleur air-terre permet de récupérer la chaleur dans le système d'air conditionné.

Courtyard House rebuilding in Vienna

The architects found the special interior courtyard situated in the oldest part of the building complex, a single-story vintner's house from the 16th century, particularly valuable. It was the only element saved and restored and supplemented with a new wing. The old building is used as a workshop and exhibition hall. The exterior walls and the central wall of the new building are made of honeycomb brick, while the rest of the walls and the ceiling are made of plywood. A high-value insulation and an air-ground heat exchanger system minimize heat loss. Solar collectors provide warm water and supplement the heating system. A wine vine-covered arbor walkway in the interior courtyard shades the large south-facing windows and provides over 60 m² of sunlight collectors. A gas condensing boiler takes over the remaining heating needs and can be replaced or supplemented by a parallel multi-fuel heater.

Umbau eines Hofes in Wien

Als besonders wertvoll wurde vom Architekten die spezielle Innenhofsituation des ältesten Bauteils der Anlage, eines eingeschossigen Winzerhauses aus dem 16. Jahrhundert, angesehen. Nur dieses wurde erhalten und saniert und um einen neuen Wohnflügel ergänzt. Der Altbau wird als Werkstatt und Ausstellungshalle genutzt. Die Außenwände und die Mittelwand des Neubaus bestehen aus Hochlochziegeln, alle sonstigen Wände ebenso wie die Decke aus Brettsperrholz. Eine hohe Wärmedämmung und ein Luft-Erde-Wärmetauscher minimieren die Wärmeverluste. Solarkollektoren liefern Warmwasser und tragen zur Heizung bei. Ein weinbewachsener Laubengang im Innenhof beschattet einerseits die großen Südfenster und liefert andererseits mit über 60 m² Kollektoren Sonnenstrom. Ein Gasbrennwertkessel steht zur Bedienung des restlichen Wärmebedarfs zur Verfügung und kann durch einen parallelen Allesbrenner ersetzt oder ergänzt werden.

Rénovation d'une cour à Vienne

Les architectes ont considéré ici que la situation de la cour intérieure de la partie la plus ancienne du bâtiment avait une valeur particulière. Il s'agissait d'une maison de vigneron du XVIe siècle, et seule cette partie a été conservée, restaurée et complétée par une aile nouvelle. Le bâtiment ancien est utilisé comme atelier et salle d'exposition. Les murs extérieurs et le mur mitoyen du nouvel édifice sont en briques perforées, et tous les autres murs et le plafond sont en contreplaqué. Une isolation thermique efficace et un échangeur de chaleur air-terre minimisent les pertes de chaleur. Des capteurs solaires fournissent de l'eau chaude et contribuent au chauffage. Dans la cour intérieure, une tonnelle de vigne donne de l'ombre aux grandes fenêtres exposées au sud et fournit du courant électrique solaire en provenance de 60 m² de capteurs. Une chaudière à condensation à gaz couvre les besoins supplémentaires de chauffage, et elle peut être remplacée ou complétée par un brûleur universel parallèle.

Materials and colors were based on the original building from the 16th century. The interior wall finish is loam.

Man orientierte sich an Materialien und Farben des Altbaus aus dem 16. Jahrhundert. Die Innenputze wurden aus Lehm hergestellt.

Le travail de restauration a repris les matériaux et les couleurs de l'ancien bâtiment du XVIᵉ siècle. Les enduits intérieurs sont à base d'argile.

The living area is still organized around the green courtyard, as it was 300 years ago. Here there are large south- and west-facing windows and arcadia doors.

Der Wohnbereich bleibt, wie schon vor 300 Jahren, um den grünen Hof organisiert. Hier gibt es große Süd- und Westverglasungen und entsprechende Türen.

Comme il y a 300 ans, l'espace habitable est organisé autour de la cour verte. On y trouve de grandes verrières au sud et à l'ouest, et les portes correspondantes.

Roof upgrade in Vienna

The roof of a 1902 building in Vienna was removed and in its place a three-level apartment, a studio and two roof terraces were erected. Despite the connection to the existing century-old structure, an ultra-modern passive house concept was created here. The cubicle superstructure is almost completely glazed on three sides, where optimal sunlight absorption was the goal. There is also a comfort air-conditioning system for heat recapture, as well as a heat pump. A medium-sized solar panel captures sunlight. Finally, new technology pervades the house down to its foundations. A new 8m-deep well, connected to a groundwater heat pump and a concrete core activation system, was dug in the cellar. The former is for heat absorption and conservation while the latter is for cooling the building's heat-retaining bulk.

Dachausbau in Wien

Das Dach eines Altbaus in Wien aus dem Jahr 1902 wurde abgetragen und dort eine Maisonnette-wohnung mit insgesamt drei Ebenen, einem Studio und zwei Dachterrassen neu eingerichtet. Trotz der Anbindung an den über 100 Jahre alten Baubestand konnte hier ein hochmodernes Passivhauskonzept realisiert werden. Der kubische Aufbau ist nach drei Seiten fast vollständig verglast, wobei auf eine optimale Sonnenenergieaufnahme geachtet wurde. Dazu gibt es eine Komfortlüftungsanlage für die Wärmerückgewinnung sowie eine Wärmepumpe. Ein mittelgroßes Sonnensegel steuert Solarstrom bei. Letztendlich durchdringt neue Technologie das Haus bis in sein Fundament: Im Keller wurde ein neuer 8 m tiefer Brunnen gebohrt, der einerseits mit einer Grundwasserwärmepumpe verbunden und andererseits an eine Betonkernaktivierung angeschlossen ist. Ersteres dient der Wärmegewinnung/-erhaltung und Letzteres der Kühlung der hitzespeichernden Gebäudemassen.

Extension sur un toit à Vienne

Les combles d'un bâtiment viennois de 1902 ont été éliminés et remplacés par un appartement à trois niveaux, avec un studio et deux terrasses. Malgré la connexion avec une construction vieille de plus de cent ans, on a réalisé ici un concept d'habitation passive ultramoderne. La structure cubique est presque entièrement vitrée sur trois côtés pour optimiser l'absorption d'énergie solaire. Il y a en outre un système d'air conditionné pour la récupération de la chaleur, ainsi qu'une pompe à chaleur. Un panneau solaire de taille moyenne fournit du courant électrique. La nouvelle technologie pénètre jusqu'aux fondements de l'édifice : on a creusé dans la cave un puits de 8 mètres de profondeur, relié à une pompe à chaleur qui fonctionne avec l'eau souterraine et à un système d'activation à noyau en béton. La première sert à capter et conserver la chaleur, et le deuxième contribue à la réfrigération des masses de chaleur accumulées dans l'édifice.

St. Stephan's Cathedral is visible over the roofs of the historic city from the penthouse.

Vom Penthouse blickt man über die Dächer der historischen Stadt bis zum Stephansdom.

De l'attique, on jouit d'une vue sur les toits de la vieille ville, jusqu'à la cathédrale Saint-Étienne.

The lower levels of the addition are two cross-shaped, stacked, lengthened cubes with open living areas.

Die unteren beiden Ebenen des Aufbaus sind zwei kreuzförmig aufeinander gelegte, langgestreckte Quader mit offenen Wohnbereichen.

Les deux niveaux inférieurs sont deux cubes allongés, croisés l'un sur l'autre, qui abritent des espaces de vie ouverts.

The large windows are triple-glazed insulating glass. The supporting concrete elements are in the interior. They are essential for the heating system, since they retain the warmth from the incoming sunlight. In the summer they are cooled by the concrete core activation system.

Die großen Fensterflächen bestehen aus Dreifachisolierglas. Die tragenden Raumteile aus Beton liegen innen. Sie sind für das Wärmekonzept unentbehrlich, da sie die einfallende Sonnenwärme speichern. Im Sommer werden sie durch die Kernaktivierung abgekühlt.

Les grandes surfaces des fenêtres se composent de verre isolant triple. Les parties portantes en béton sont à l'intérieur. Elles sont indispensables pour le système thermique, car elles stockent la chaleur solaire. En été, elles sont refroidies par le système d'activation à noyau en béton.

Solar house in Karlsruhe

This house was recognized on a number of occasions for its innovative use of solar-cell elements in the building. It shows that these elements can be installed in architecture but do not have to be aesthetic intrusions. It also makes use of the idea that solar collectors paneling a wall contribute to insulation, providing a double use of heat energy. Thermal collectors replace the normal plaster finish of an original bungalow in this example. They were applied as vertical siding to all four sides of the main floor. This results in a generous, elegant new look for the façade. The lower floor of the bungalow was insulated with modern vacuum insulation panels which provide the same insulation but with one-tenth the thickness of traditional insulating products. A solar heat pump and photovoltaic cell make the house a climate-neutral wonder.

Solarhaus in Karlsruhe

Dieses Haus ist für seinen innovativen Umgang mit Solarkollektorenelementen am Bau mehrfach ausgezeichnet worden. Es zeigt, dass man diese Elemente nicht nur auf Architektur applizieren kann, sondern dass sie dabei keinen ästhetischen Fremdkörper darstellen müssen. Es macht sich außerdem den an sich nahe liegenden Gedanken zunutze, dass die Verkleidung einer Wand mit Kollektorenpaneelen zur Wärmedämmung dieser Wand beiträgt, also einen doppelten Wärmeenergienutzen erbringt. Thermische Kollektoren ersetzen bei diesem Beispiel den ursprünglichen Verputz eines Bungalow-Altbaus. Sie wurden flächendeckend vertikal auf allen vier Seiten des Hauptgeschosses angebracht. Es ergibt sich ein großzügiges, elegantes neues Fassadenbild. Das Untergeschoss des Bungalows wurde mit neuartigen Vakuumisolationspaneelen gedämmt, die bei gleicher Dämmleistung zehnmal dünner sein können als gängige Isolierungsprodukte. Eine Sole-Wärmepumpe und eine Photovoltaikanlage machen das Haus zum klimaneutralen Energiewunder.

Maison solaire à Karlsruhe

Cette maison a souvent été citée en exemple pour son utilisation innovante des capteurs solaires. Elle démontre que l'on peut non seulement les incorporer à l'architecture, mais qu'ils ne sont pas forcément des éléments perturbateurs du point de vue esthétique. Elle utilise également une idée très simple qui consiste à revêtir un mur de panneaux solaires pour renforcer son isolation et donner ainsi une double utilité à l'énergie thermique. Dans cet exemple, les capteurs thermiques remplacent l'enduit normal du bungalow d'origine. Ils ont été placés de façon à couvrir entièrement à la verticale les quatre côtés de l'étage principal. Le résultat est une nouvelle façade généreuse et élégante. Le rez-de-chaussée du bungalow a été entouré de panneaux d'isolation sous vide qui ont le dixième de l'épaisseur des produits isolants habituels, mais atteignent le même pouvoir d'isolation. Une pompe à chaleur à solution saline et un système photovoltaïque font de la maison un petit miracle de neutralité carbone.

The surfaces of the building itself are optimal for energy absorption, eliminating thermal bridges. They are built with a post and beam façade with aluminum siding.

Die Flächen des Bauköpers wurden optimal für die Energiegewinnung aktiviert, Wärmebrücken ausgeschlossen und eine geschlossene Pfosten-Riegel-Fassade mit Aluminiumblenden erzeugt.

Les surfaces de l'édifice lui-même ont été optimisées pour l'absorption d'énergie et l'élimination des ponts thermiques, et la façade à montants et traverses est revêtue d'aluminium.

House in Schalkenbach (Germany)

As future homeowners, the architects made their own ideas of an efficient, energy-saving and yet aesthetically appealing building a reality here. This is a freestanding, very compact wood house, closed on the north side and with large glazed areas facing south. The nearly unbroken form is energetically sensible. The south face with its favorable slope is a prerequisite for the construction of a house as a passive energy system. A generous home with multifunctional living areas emerged on a relatively small area of 80 m². An air pump provides warmth and heating can be supplemented with a fireplace. Wood used as the dominant building material met the designer's interpretation of the location. It is generally the most important renewable architectural resource, a resource that even in its finished form binds the greenhouse gas carbon dioxide.

Haus in Schalkenbach (Deutschland)

Als künftige Hausherren verwirklichten die Architekten hier ihre eigenen Vorstellungen von effizientem, energiesparendem und dabei ästhetisch anspruchsvollem Bauen. Es handelt sich um ein freistehendes, sehr kompaktes Holzhaus – im Norden geschlossen, nach Süden großflächig verglast. Die wenig gebrochene Form ist energetisch sinnvoll, die Südausrichtung, begünstigt durch die Hanglage, Voraussetzung für die Anlage eines Hauses als Passivenergiesystem. Auf relativ kleiner bebauter Fläche von nur 80 m² entstand eine großzügige Wohnung mit vielfältigen Funktionsbereichen. Eine Luftwärmepumpe erzeugt Warmwasser. Geheizt werden kann zusätzlich mit einem Kamin. Holz als dominierendes Baumaterial entsprach der Interpretation des Ortes durch die Gestalter. Es ist generell der wichtigste nachwachsende Rohstoff der Architektur; ein Stoff, der zudem das Treibhausgas Kohlendioxid auch in verarbeiteter Form bindet.

Maison à Schalkenbach (Allemagne)

En tant que futurs propriétaires, les architectes ont réalisé ici leur propre idée d'une construction esthétique, efficiente et économe en énergie. Il s'agit d'un pavillon très compact en bois, fermé au nord et avec d'amples surfaces vitrées au sud. Sa forme massive répond à une logique énergétique. Son orientation vers le sud, favorisée par la pente, est une condition indispensable pour l'emploi d'un système d'énergie passive. Cette maison à la surface généreuse et multifonctionnelle a surgi sur une surface de construction relativement exiguë de seulement 80 m². Une pompe à chaleur fournit de l'eau chaude. La cheminée sert de chauffage d'appoint. Le bois, matériau dominant, convenait à l'interprétation que les architectes faisaient du lieu et c'est d'une façon générale la ressource renouvelable la plus importante en architecture, une ressource qui, même transformée, piège le dioxyde de carbone.

Unusually, the roof was also finished with smooth larch panels. As a result the building seems like a monolithic sculpture.

Außergewöhnlich ist, dass auch das Dach mit glatter Lärchenholz-verkleidung versehen wurde. Dadurch wirkt das Gebäude wie eine monolithische Skulptur.

Le toit est également revêtu de panneaux lisses de mélèze, ce qui est inhabituel et confère au bâtiment un air de sculpture monolithique.

The residents have an awesome panorama of the landscape to the south through the building's entire height.

Das großartige Landschaftspanorama im Süden erschließt sich den Bewohnern über die ganze Gebäudehöhe.

Au sud, les habitants ont une vue splendide sur le panorama, sur toute la hauteur de la maison.

Because the interior is kept open and bright, a great deal of natural light fills the building which at first glance appears so hermetically sealed.

Da das Innere sehr offen und hell gehalten ist, füllt viel natürliches Licht den auf den ersten Blick so hermetischen Bau.

L'intérieur ouvert et clair de ce bâtiment qui semble si hermétique à première vue laisse entrer une abondante lumière naturelle.

Associated Architects

Cobtun House, Worcestershire

Cobtun House is a legend in English bio-architecture. Although it first received the RIBA Sustainability Award in 2005, it is a first-class ecologically friendly house. It is a house for idealists and in fact it repeatedly draws people interested in this subject on pilgrimages. The builder himself set very strict requirements regarding environmental friendliness and inspired the architects so much that they agreed to travel only by bus or bike to the construction site. A semi-circular wall of cob, a mixture of loam, straw and sand, gave the house its name. The builders used excavated dirt as building material and strictly adhered to the use of local resources for additional elements. Otherwise, only recycled materials were acceptable for use. There are solar thermal collectors and a rainwater treatment system. The difficult-to-describe charm of the property and its original character are noteworthy. If it is so self-evident, i.e., as if grown naturally, that is a message about the meaning of architecture.

Cobtun House, Worcestershire

Cobtun House ist eine Legende in der englischen Bioarchitekturszene. Obwohl erst 2005 Preisträger des RIBA Sustainability Award, zeigt es sich wie ein Ökohaus der ersten Stunde. Es ist ein Haus für Idealisten, und tatsächlich pilgern immer wieder Menschen, die an der Thematik interessiert sind, hierher. Für den Bauherrn war Umweltfreundlichkeit ein hoher ideeller Maßstab und er begeisterte die Architekten so sehr, dass man vereinbarte, nur noch per Bus oder Fahrrad zur Baustelle zu reisen. Eine halbrunde Einfassungsmauer aus „Cob", einer Mischung aus Lehm, Stroh und Sand, gab dem Haus seinen Namen. Die Verwendung von Aushubmaterial als Baustoff und die Beschränkung auf weitere Materialien aus der Region wurde konsequent umgesetzt. Zulässig waren sonst nur noch Recyclingmaterialien. Es gibt Solarthermiekollektoren und eine Regenwasseraufbereitungsanlage. Ein schwer zu beschreibender Zauber geht von dem originellen Anwesen aus. Dass es wie natürlich gewachsen wirkt, ist eine Botschaft über den Sinn von Architektur.

Cobtun House, Worcestershire

Cobtun House est une légende de la bioarchitecture anglaise. Elle n'a reçu le prix Sustainability de RIBA qu'en 2005, mais il s'agit d'un bâtiment écologique de la première heure. C'est une maison pour idéalistes, et elle attire d'ailleurs de nombreux visiteurs intéressés par ce sujet. Le constructeur lui-même a fixé des normes de respect de l'environnement si strictes et a tellement enthousiasmé les architectes qu'il fut convenu de ne permettre l'accès au chantier qu'en bus ou à bicyclette. C'est l'enceinte semi-circulaire en « cob » (mélange de terre, de paille et de sable) qui donne son nom à la maison. Le principe de n'employer que des matériaux d'excavation et des matériaux de la région a été rigoureusement respecté. Hors ceux-ci, seuls ont été admis des matériaux recyclables. La maison dispose de capteurs solaires thermiques et d'un système de traitement de l'eau de pluie. La propriété possède un charme difficile à décrire. Elle semble exprimer une évidence, comme si elle avait poussé là naturellement, et c'est un message sur le sens de l'architecture.

The principle of energy alignment with the sun was observed here. A wine-covered roof over the large windows serves as a sunshade.

Das Prinzip der energetischen Ausrichtung auf die Sonne wurde hier berücksichtigt. Ein weinberanktes Dach über großen Fenstern dient als Sonnenschutz.

Le principe de l'alignement énergétique sur le soleil a été respecté. Au-dessus des grandes fenêtres, un toit couvert de vigne apporte de l'ombre.

The cob wall has a strong red color and a living top surface.

Die Cobwall hat eine kräftige rote Farbe und eine lebendige Oberflächenstruktur.

La texture du « cobwall » rouge foncé est pleine de vitalité.

Welcome to the
Osborne Demonstration House

OSBORNE

Providing complete construction solutions,
with specialist divisions covering
Housing, Building, Civil Engineering and Rail,
Property Services and Stonemasonry.

With thanks to our Key Partners:

Architech

Tully De'Ath   Consulting Engineers
Consultants

innovaré   Offsite – Complete Structure

SIPS Panels

WSP   Energy Consultancy

Model home

Bailey Garner Architects design for the English prefabricated home-builders Osborne and Innovare came up with a home of prefabricated modular building elements made of structural insulated panels. This model home stands in the Bre Innovation Park in Watford, where an entire row of additional new eco-friendly home systems are on display. The basis of the dry mortarless construction with structural insulated panels is prefabricated wall elements that function both as structural and insulating elements. They consist of a thick synthetic insulating layer sandwiched between two layers of fiberboard, typically of oriented strand boards. The acronym SIP stands for "structural insulated panel". The house in Watford serves as a pattern for the different types of siding possible in construction, such as wood, recycled plastic, fiber cement board and zinc sheeting. Cutting-edge electrical delivery systems and intelligent technologies feature here, making the sample household extremely energy efficient and environmentally friendly.

Musterhaus

Baily Garner Architekten gestalteten für die englischen Fertighaushersteller Osborne und Innovare ein Wohnhaus aus vorgefertigten SIP-Modulbauelementen. Das Musterhaus steht im Bre Innovation Park in Watford, wo auch eine ganze Reihe weiterer neuer Ökohaussysteme zu besichtigen sind. Basis des SIP-Trockenbauprinzips sind vorgefertigte Wandelemente, die sowohl konstruktive wie auch isolierende Funktion haben. Sie bestehen aus einer dicken synthetischen Dämmschicht, die in einem sandwichartigen Verbund zwischen zwei Holzfaserplatten eingearbeitet ist, in der Regel OSB-Platten. Das Kürzel SIP steht für die englische Bezeichnung „structural insulated panel" dieser Platten. Das Haus in Watford dient zudem als Muster für verschiedene Verkleidungsmöglichkeiten der Konstruktion, wie Holz, Recyclingkunststoff, Eternit oder Zinkblech. Modernste Versorgungssysteme und intelligente Technologien werden hier gezeigt, mit denen der Beispielhaushalt extrem energiesparend und umweltschonend dasteht.

Maison modèle

Les architectes de Baily Garner ont conçu pour les constructeurs anglais de maisons préfabriquées Osborne et Innovare une maison faite d'éléments modulaires préfabriqués en SIP. Cette maison modèle se trouve dans le parc d'innovation Bre de Watford, où l'on peut également visiter toute une rangée d'autres types de maisons écologiques. Ce principe de construction à sec repose sur des éléments de mur préfabriqués dont la fonction est aussi bien isolante que structurelle. Ils se composent d'une couche épaisse d'isolant synthétique entre deux plaques de fibres de bois, en général à particules orientées. L'acronyme SIP signifie en anglais « structural insulated panel », ou panneau structurel isolant. La maison de Watford présente également différents revêtements possibles, comme le bois, le plastique recyclable, l'eternit ou la tôle de zinc. On montre ici des systèmes d'alimentation électrique d'avant-garde ainsi que des technologies intelligentes qui font de cette maison modèle un exemple d'efficience énergétique et de respect de l'environnement.

An air-conditioning system for conserving heat and low-water-use bath and kitchen fittings are part of the home's offering.

Eine Komfortlüftung zur Wärmekonservierung und Wasserspararmaturen in Bad und Küche gehören zum Angebot des Hauses.

La maison propose notamment un système d'air conditionné qui conserve la chaleur, ainsi qu'une robinetterie qui économise l'eau dans la salle de bains et dans la cuisine.

Future residents can look up information about their energy usage, as well as transport timetables and the local car-pool business.

Die künftigen Bewohner können sich beispielsweise über ihren Energieverbrauch, aber auch über Fahrpläne oder die lokalen Car-Sharing-Unternehmen informieren.

Les futurs habitants pourront s'informer sur leur consommation d'énergie, mais aussi sur les horaires des transports et sur les possibilités de partage de voiture.

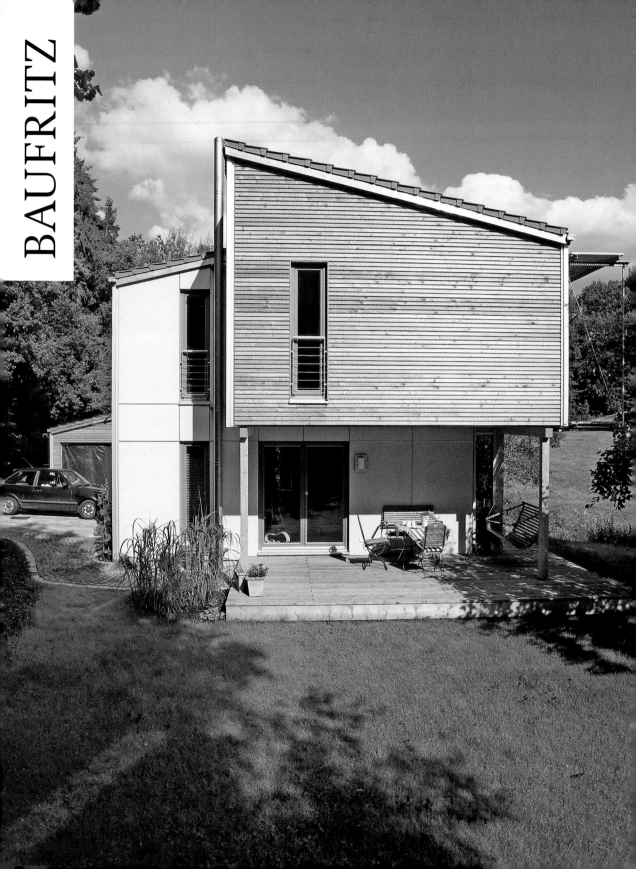

Bock v. W. House

The clients wanted a new, safe wood-build home for children constructed to eco-friendly principles. It had to be more than a standard formula, so they searched for a construction company with experience. Consideration of individual concerns, especially a health ideal, was particularly important. The builder fully met these conditions and ended up taking home first place in a competition in *Family Home* magazine, among other awards. A house emerged that opens up to nature. The entire south side from the main floor down to the ground was glazed. The large, multi-purpose living area that opens to this side was extended with the roofed terrace. The interior space has a stainless-steel designer fireplace. A wood pellet heating system serves the basic heat-generation needs. BAUFRITZ used patented extra-thick, breathable wall insulation. Wood—in part raw, in part finished—, glass and fine stainless-steel elements form a simple, beautiful home.

Haus Bock v. W.

Als neues, sicheres Zuhause für Kinder wünschten sich die Auftraggeber ein nach ökologischen Prinzipien errichtetes Holzhaus. Dies sollte mehr als nur eine Formel sein. Man beauftragte eine Baufirma mit Erfahrung. Besonders wichtig war die Berücksichtigung individueller Anliegen, z. B. eines Wohngesundheitskonzeptes. Der Hersteller konnte die Wünsche umsetzen , was unter anderem mit dem ersten Platz in einem Wettbewerb der Zeitschrift „Family Home" gewürdigt wurde. Es entstand ein Haus, das sich der Natur öffnet. Die komplette Südseite wurde im Erdgeschoss bis zum Boden verglast. Der große, sich auf dieser Seite öffnende kombinierte Wohnbereich wird durch die überdachte Terrasse erweitert. Der Innenraum hat einen Designer-Edelstahlkamin. Grundsätzlich dient eine Holzpelletheizung der Wärmeerzeugung. BAUFRITZ verarbeitet eine patentierte extra dicke, atmungsaktive Wandisolierung. Holz – teils naturbelassen, teils lasiert –, Glas und feine Edelstahlelemente bilden das schlicht schöne Zuhause.

Maison Bock v. W.

Les maîtres d'ouvrage souhaitaient pour leurs enfants une maison neuve en bois, sans danger et construite selon des principes écologiques. Ils voulaient davantage qu'une simple formule, et ont cherché un constructeur expérimenté. La prise en considération des intérêts personnels, notamment la santé, était particulièrement importante. Le constructeur a réussi à exaucer tous ces vœux, ce qui lui a valu, entre autres, la première place d'un concours du magazine *Family Home*. La maison qui en résulte s'ouvre à la nature. Sur la façade sud le rez-de-chaussée est complètement vitré jusqu'au sol. Le grand espace de vie polyvalent qui s'ouvre de ce côté est élargi par une terrasse couverte. L'intérieur est équipé d'une cheminée de créateur en acier inoxydable. En principe, le chauffage est assuré par une chaudière à granules. BAUFRITZ travaille avec une isolation murale brevetée ultra épaisse et aérée. Du bois naturel ou verni et des éléments en verre en acier inoxydable créent une atmosphère simple et confortable.

The young residents wanted sophisticated understatement as the embodiment of natural building instead of superficially luxurious architecture.

Die jungen Bewohner wünschten sich gepflegtes Understatement als Inbegriff natürlichen Bauens statt vordergründig luxuriöser Architektur.

Les jeunes habitants ont préféré la simplicité raffinée d'une construction naturelle à une architecture luxueuse de parade.

Natural stone and wood floors were selected for the interior design. All of the woods used are tested for contaminants.

Für die Innenausstattung wählte man Naturstein- und Holzböden. Alle verwendeten Hölzer sind schadstoffgeprüft.

Pour la décoration intérieure, on a choisi de la pierre naturelle et des parquets en bois. Tous les bois utilisés sont testés contre les produits toxiques.

The two-coat paint is also emission-free. For this family, an integrated protective covering against electromagnetic pollution is part of the program.

Ebenfalls emissionsfrei ist der zweifache Farbanstrich. Für die Familie gehört eine integrierte Schutzhülle gegen Elektrosmog mit zum Programm.

Les deux couches de peinture sont également sans émissions toxiques. Pour cette famille, une enveloppe de protection contre la pollution électrique fait partie du programme.

Müller House

This unusually narrow—just 5.86 meters-wide—energy-efficient home planned and constructed by wood-home specialists BAUFRITZ won a regional environmental prize. The unfinished horizontal slat façade of durable Nordic larch is integrated into the landscape. All of the wood and wood products used are tested for contaminants. On the southwest side eaves protect the façade glazed to the gable. This roof-high expanse of windows allows passive energy use from the sun's heat. The floor plan is arranged so that the abundant daylight optimally penetrates the house. Effective wall insulation, made in part from wood chips, provides the best possible insulation. The low-emission wood-burning stove was combined with a solar thermal system.

Haus Müller

Geplant und realisiert vom Holzhausspezialisten BAUFRITZ erhielt dieses umweltfreundliche Energiesparhaus mit ungewöhnlich schlanker Form – es ist nur 5,86 m breit – einen regionalen Umweltpreis. Die natürlich belassene, quer geschalte Fassade aus widerstandsfähigem nordischem Lärchenholz fügt sich ins Landschaftsbild ein. Alle verwendeten Hölzer und Holzprodukte sind schadstoffgeprüft. Auf der Südwestseite schützt ein Dachvorsprung die bis zum Giebel verglaste Fassade. Diese dachhohe Fensterfront dient der passiven Sonnenwärmeenergienutzung. Die Raumzuordnung erfolgte so, dass der reiche Tageslichteinfall optimal durchs Haus dringt. Eine starke Wanddämmung, unter anderem aus Holzhobelspänen, bewirkt bestmögliche Isolierung. Die abgasarme Holzofenheizung wurde kombiniert mit einer solarthermischen Anlage.

Maison Müller

Cette maison écologique inhabituellement étroite (large de 5,86 m seulement) à faible consommation d'énergie, conçue et réalisée par le spécialiste des maisons en bois BAUFRITZ, a reçu un prix régional de l'environnement. Sa façade de lattes horizontales de mélèze nordique brut très résistant s'intègre au paysage. Tous les éléments en bois sont testés contre les produits toxiques. Du côté sud-ouest, une avancée du toit protège une façade vitrée jusqu'au pignon. Cette surface sert à la captation passive d'énergie solaire thermique. Les pièces sont disposées de façon à optimiser le passage de la lumière du jour dans la maison. L'isolation efficace des murs, en partie à base de copeaux de bois, garantit la meilleure protection thermique possible. Un chauffage à bois pauvre en émissions de gaz fonctionne en combinaison avec un système solaire thermique.

The lot's shape left the home's opening on one of the narrow ends, because it is south-facing.

Die Grundstücksform gab die Öffnung des Hauses an einer seiner Schmalseiten vor, da diese nach Süden liegt.

La forme du terrain a obligé à disposer le côté ouvert de la maison sur l'une de ses faces étroites, orientée au sud.

The combination of a large window expanse and shading eaves still allowed the realization of good passive solar use here.

Hier konnte in der Kombination aus großer Fensterfläche und beschattendem Dachvorsprung dennoch eine gute passive Sonnennutzung realisiert werden.

La combinaison de l'ombre produite par l'avancée du toit et de la surface vitrée permet malgré tout une bonne utilisation passive du soleil.

Two steps lead to the somewhat lower living area. From here a wood designer stove provides warmth for nearly the entire house.

Zwei Stufen führen in den etwas tiefer platzierten Wohnbereich. Von hier aus sorgt ein Design-Holzofen für Wärme nahezu im gesamten Haus.

Deux marches mènent à l'espace de vie située un peu plus bas. De là, un poêle à bois de créateur répand sa chaleur dans presque toute la maison.

Schauer House

The comfort house is characterized particularly by the first-class relationship between the interior rooms and the surroundings. The surrounding weather- and wind-protected terraces and balconies are noteworthy. Large arcadia doors offer the comfort of enjoying breakfast or dinner under the open sky on the covered patio at any time. Sliding wood-slat screens allow these areas to be reconfigured and shaded at different positions. The building's floor plan is as generous and open as it appears from outside. But in addition it is functional, bright and completely livable.

Haus Schauer

Das Komforthaus zeichnet sich durch den erstklassigen Bezug der Innenräume zur Umgebung besonders aus. Hervorzuheben sind die umlaufenden wetter- und windgeschützten Terrassen und Balkone. Große Schiebetüren bieten jederzeit den Komfort, das Frühstück oder Dinner unter freiem Himmel auf der überdachten Freiterrasse zu genießen. Diese Bereiche werden durch verschiebbare, filigrane Holzlamellenelemente variabel gegliedert und beschattet. So großzügig und offen, wie der Baukörper von außen wirkt, ist auch der Grundriss. Dazu ist er aber auch funktional, hell und überaus wohnlich.

Maison Schauer

Cette maison confortable se distingue par la qualité exceptionnelle de la relation entre ses espaces intérieurs et l'environnement. Il faut remarquer les terrasses et les balcons qui l'entourent, protégés du vent et des intempéries. De grandes portes coulissantes offrent en toutes circonstances le confort de prendre le petit déjeuner ou le dîner à l'air libre sur les terrasses couvertes. Des écrans mobiles en lamelles de bois permettent de reconfigurer ces espaces et de moduler l'ombrage. La distribution de la maison est aussi généreuse et ouverte que l'impression qu'elle donne à l'extérieur. Elle est en outre fonctionnelle, lumineuse et très confortable.

The house with its powerful double-pitch roof and deep eaves fits well in the landscape.

Das Haus mit mächtigem Sattel-dach und großen Dachüberstän-den passt gut in die Landschaft.

Avec sa puissante toiture à deux versants et ses larges avancées, la maison s'intègre bien dans le paysage.

The generously proportioned
entrance area is welcoming,
with an elegant staircase with
a landing.

Einladend wirkt der großzügig
dimensionierte Eingangsbereich
mit einer eleganten Podesttreppe.

L'entrée aux dimensions généreuses est accueillante et est dotée
d'un escalier à palier élégant.

A large fireplace with glass
screens on two sides is the focus
of the ground floor.

Im Erdgeschoss bildet ein Kaminofen mit großen Glasscheiben an
zwei Seiten den Mittelpunkt.

Une grande cheminée ouverte
sur deux côtés est le centre
d'attraction du rez-de-chaussée.

The villa also boasts a sauna and wellness area on the lower level.

Die Villa verfügt zudem über einen Sauna- und Wellnessbereich im Untergeschoss.

Au sous-sol, la villa dispose aussi d'un sauna et d'un espace bien-être.

Modern Living

A spacious roof garden of over 100 m² with a spectacular view and integrated penthouse crowns this modern luxurious property. Through the use of ecologically advisable insulation of wood shavings, the exterior summer temperatures penetrate the penthouse level only after a delay of 14 hours—the day's heat stays outside. The focus of the living area in winter is a modern stove. While the building is designed to be open to nature on one side, the north face is almost completely closed. Just several narrow windows lighten the low-maintenance, unfinished façade. The majority of triple-glazed, also low-maintenance Scalar (wood-aluminum) windows have sliding shutters. The primary heat source for the building is via a wood pellet stove in conjunction with flat plate collectors for gathering the sun's energy on the roof. A floor heating system provides warmth to all rooms in the winter.

Modern Living

Ein weitläufiger Dachgarten von über 100 m² mit traumhafter Aussicht und mit integriertem Penthouse bekrönt das moderne luxuriöse Anwesen. Durch den Einsatz der baubiologisch empfehlenswerten Hobelspandämmung dringen sommerliche Außentemperaturen erst mit einer Verzögerung von 14 Stunden in das Dachgeschoss ein – die Tageshitze bleibt draußen. Mittelpunkt des Wohnbereichs ist im Winter ein moderner Kamin. Während der Baukörper auf der einen Seite offen zur Natur gestaltet wurde, verschließt er sich nach Norden fast komplett. Nur einzelne Lichtbänder lockern die wartungsfreie, naturbelassene Fassade auf. Die dreifachverglasten, wartungsfreien Scalarfenster verfügen über Schiebeläden. Die hauptsächliche Heizungsversorgung des Gebäudes erfolgt über eine Holzpelletfeuerung in Kombination mit Flachkollektoren zur thermischen Sonnenenergiegewinnung auf dem Dach. Eine Fußbodenheizung versorgt alle Räume im Winter mit Wärme.

Modern Living

Un jardin de toit de plus de 100 m², avec une vue de rêve et un attique, couronne cette demeure de luxe. Grâce à l'isolation écologique à base de copeaux de bois, les températures extérieures mettent 14 heures à pénétrer à l'intérieur de l'attique : la chaleur des jours d'été reste dehors. En hiver, le centre de l'espace de vie est une cheminée moderne. Sur l'un de ses côtés, le bâtiment s'ouvre sur la nature, mais au nord il est presque entièrement fermé. Seules quelques fenêtres étroites brisent l'unité de la façade brute et sans entretien. La plupart des fenêtres en bois et en aluminium à triple vitrage, également sans entretien, disposent de volets coulissants. Le système de chauffage principal est un brûleur de pellets de bois, combiné à des capteurs solaires plats situés sur le toit. En hiver, le chauffage au sol entretient la température voulue dans toutes les pièces.

The wood siding in narrow horizontal stripes contrasts with anthracite stained wood fiber elements.

Der Holzverkleidung in schmalen Horizontalstreifen stehen anthrazitfarben gebeizte Holzfaserelemente gegenüber.

Les minces bandes de bois horizontales du revêtement extérieur créent un contraste avec les éléments en fibre de bois teintés en anthracite.

Exterior-hung custom sunscreens supply natural shade for the generous window expanses outside.

Für eine natürliche Beschattung der großzügigen Fensterflächen sorgen abgehängte, spezielle Gitterkonstruktionen im Außenbereich.

Des écrans grillagés suspendus à l'extérieur donnent de l'ombre naturelle aux grandes surfaces de fenêtres.

BBM Sustainable Design

House in Lewes (England)

This house won first place in the RIBA-Ibstock-Downland Competition for Sustainability in Architecture. The goal was to solve the following challenge: with which resources can I build a home for a family with eight children on a small lot at the lowest cost and in the shortest time? BBM chose the principle of the individual prefabricated house, wherein a house is customized but is prefabricated in a factory, saving on materials and time. A four-story tower-like building with access to a generous balcony or patio on every level was erected using a modular dry mortarless construction system. The building elements consist of recycled wood and plastic and have excellent insulating properties. Wool is incorporated as an additional insulating material. The façade is partially plastered and partially covered with local chestnut siding. The roof has solar thermal equipment.

Haus in Lewes (England)

Das Haus erzielte den ersten Platz der RIBA-Ibstock-Downland-Ausschreibung für Nachhaltigkeit in der Architektur. Folgende Aufgabe galt es zu lösen: Mit welchen Ressourcen kann man bei geringsten Kosten in kürzester Zeit ein Wohnhaus für eine Familie mit acht Kindern auf einem schwierigen Bauplatz realisieren? BBM wählten ein individualisiertes Fertighausprinzip, bei dem das Haus maßgeschneidert, aber fabrikseitig vorgefertigt wird. Das spart Material und Zeit. Anhand eines modularen Trockenbausystems wurde ein vierstöckiges, turmartiges Gebäude errichtet, das auf jeder Ebene einen großzügigen Ausgang auf Balkones oder Terrassen hat. Die Bauelemente bestehen aus wiederverwertetem Holz und Kunststoff und besitzen hervorragende Dämmeigenschaften. Innen kommt Wolle als Dämmmaterial hinzu. Die Fassade ist teils verputzt und teils mit Kastanienholz aus der Region verkleidet. Das Dach hat eine solarthermische Anlage.

Maison à Lewes (Angleterre)

Cette maison a reçu le premier prix du concours RIBA-Ibstock-Downland pour la durabilité dans l'architecture. Il s'agissait de résoudre le problème suivant : avec quelles ressources puis-je construire une maison pour une famille avec huit enfants, sur un petit terrain difficile, en réduisant les coûts au minimum et dans les délais les plus brefs ? BBM a choisi le principe du pavillon préfabriqué individuel, selon lequel la maison est faite sur mesure, mais est préfabriquée en usine. Cela économise les matériaux et le temps. Un bâtiment de quatre étages semblable à une tour avec de généreux espaces de terrasses ou de balcons à chaque niveau a été édifié grâce à un système modulaire de pose à sec. Les matériaux de construction, bois recyclé et plastique, ont d'excellentes propriétés de régulation thermique. À l'intérieur, de la laine complète l'effet isolant. La façade est en partie enduite et en partie revêtue de bois de châtaignier local. Le toit est équipé d'un dispositif solaire thermique.

The house is oriented upward and the rooms offset so they are open to skylights.

Das Haus ist vertikal ausgerichtet, und die Räume sind versetzt angeordnet, so dass sie sich über Oberlichter öffnen lassen.

La maison est orientée vers le haut, et les pièces sont décalées afin de s'ouvrir sur des fenêtres de toit.

At the very top one can enjoy the expanse and tranquility.

Ganz oben kann man die Weite und Ruhe genießen.

Tout en haut, on peut jouir de l'espace et de la tranquillité.

Buchholz McEvoy

Residence in Elm Park, Dublin

The bid for one of the largest city development projects in Dublin went to the architects. Because this new 'small town' was to include residential areas, all provisions were oriented toward the criterion of designing an organic environment with people in mind. Streets were laid underground. The buildings are constructed or rather loosely organized so that the view to the surrounding environment is not lost. The structures are not deep, so the interior rooms can be lit with natural light during the day. The whole development is a giant, elaborately designed garden landscape with sculptural wood constructions that accompany and sometimes cover the paths. Low-energy-use apartments and flats for senior citizens are available. The most current wood pellet heating and passive solar-energy technologies are implemented. The entire development is integrated with a most ingenious energy-management system that stores all of the heat energy generated in a closed loop.

Wohnen in Elmpark, Dublin

Die Architekten erhielten den Zuschlag für eines der größten Stadtentwicklungsprojekte in Dublin. Da diese neue „kleine Stadt" auch Wohngebiete einschließen sollte, waren alle Maßnahmen an dem Kriterium einer menschenfreundlichen, organischen Umwelt zu orientieren. Autostraßen wurden unter die Erde verlegt. Die Gebäudeblocks sind teilweise aufgeständert bzw. in ihrer Anordnung so aufgelockert, dass die Sicht auf das landschaftliche Umfeld nicht verloren geht. Die Baukörper sind nicht sehr tief, damit die Innenräume tagsüber mit natürlichem Licht versorgt werden können. Das ganze Viertel ist eine riesige, aufwendig gestaltete Gartenlandschaft mit skulpturalen Holzkonstruktionen, die die Wege begleiten und teils überdachen. Niedrigenergieapartments und Seniorenwohnungen stehen zur Verfügung. Holzpelletheizungen und passive Sonnenenergienutzung sind nach neuestem Kenntnisstand umgesetzt. Die gesamte Anlage ist in den Wärmeenergiekreislauf eines Energiemanagementsystems eingebunden.

Résidences d'Elmpark à Dublin

L'un des plus grands projets d'urbanisme de Dublin, a été adjugé à ces deux architectes. Étant donné que cette nouvelle « petite ville » devait aussi comprendre des zones d'habitation, toutes les mesures prises visaient à créer un environnement organique et agréable. Les routes passent sous terre, et les immeubles sont surélevés ou organisés de façon à préserver la vue sur le paysage environnant. Ils ne sont pas trop profonds, afin que la lumière du jour puisse pénétrer dans les pièces intérieures. Tout le quartier est un gigantesque jardin paysager parsemé de constructions sculpturales en bois qui bordent les chemins, et parfois même les couvrent. Les résidences proposées sont des appartements à faible consommation d'énergie et des logements destinés aux personnes âgées. Les technologies les plus modernes de chauffage aux pellets de bois et d'utilisation passive de l'énergie solaire sont mises en pratique. Tout le quartier est équipé d'un système de gestion de l'énergie, qui piège toute l'énergie thermique générée dans un circuit fermé.

The seniors' living buildings are oriented crossways. Strong bright colors break up the façades.

Die Seniorenwohngebäude sind in die Breite gelagert. Kräftig bunte Farben gliedern die Fassaden.

Les appartements pour personnes âgées sont disposés transversalement. Des couleurs vives différencient les façades.

Hidden beneath the friendly park landscape are traffic routes, parking areas and the logistics for the waste-management system.

Unter der freundlichen Parklandschaft verbergen sich Verkehrswege, Autostellflächen und die Abfalllogistik.

Les voies de circulation, les parkings et la logistique du traitement des déchets sont cachés sous la verdure.

Elm Park is a new mixed use area on Dublin's seaside.

Elmpark ist das neue Mixed-Use-Viertel an Dublins Küste.

Elmpark est le nouveau quartier résidentiel et commercial sur la côte de Dublin.

Wood is the dominant material used on all buildings in the entire area.

Holz ist auf dem gesamten Areal und bei allen Gebäuden der dominierende Werkstoff.

Le bois est le matériau prédominant dans tous les édifices du quartier.

The alternating horizontal and vertical wood slats of the façade's siding alternate in color and brightness.

Die im Wechsel horizontal und vertikal angebrachte Holzverkleidung der Fassade changiert in Farbe und Helligkeit.

Les lattes de bois horizontales et verticales des façades créent des contrastes de couleur et de lumière.

driendl*

"Solar Box" House, Vienna

Georg Driendl had already won prizes for ecological architecture by the early 1990s and has remained active in the development of a contemporary understanding of environmentally friendly building through to today. He is the most incisive representative of prestigious passive solar-house architecture. A whole series of breathtakingly beautiful glass villas took shape under the title "Solar...". They exhibit the opposite of the rustic alternative aesthetic of early eco-friendly houses; they are rather self-assured representatives of precious materials and the most modern technology. Solar Box is the expansion of a 100-year-old house. A glass cube in front of the existing structure creates an open atrium. Flowing transitions between the old- and new-builds are the result. The southern orientation and the façade as a rear-ventilated glass construction with numerous possibilities for opening up allow light into all the rooms and extend the building into the garden. A front terrace and a sun deck on the roof further expand the relationship to the outside.

„Solar Box", Wien

Georg Driendl erhielt bereits Anfang der 1990er-Jahre Preise für ökologische Architektur und ist bis heute in der Entwicklung eines zeitgenössischen Verständnisses umweltfreundlichen Bauens aktiv. Er ist der wohl prägnanteste Vertreter einer repräsentativen Architektur passiver Solarhäuser. Eine ganze Serie atemberaubend schöner Glasvillen ist unter dem Titel „Solar..." entstanden. Sie zeigen das Gegenteil der rustikalen Bioästhetik der frühen Ökohäuser, sind vielmehr selbstbewusste Vertreter edler Materialien und modernster Technik. Solar Box ist die Erweiterung eines gut 100 Jahre alten Bürgerhauses. Ein vorgelagerter Glaswürfel schafft ein offenes Atrium. Es entstehen fließende Übergänge zwischen Altbau und Neubau. Die Südorientierung und die Fassade als hinterlüftete Glaskonstruktion mit großen Öffnungsmöglichkeiten gewährleisten Tageslicht in allen Räumen und öffnen das Gebäude zum Garten hin. Eine vorgelagerte Terrasse sowie eine Sonnenterrasse am Dach erweitern die Bezüge nach außen.

« Solar Box », Vienne

Georg Driendl recevait déjà des prix d'architecture écologique au début des années 1990, et il travaille encore à la mise au point d'un concept contemporain de construction respectueuse de l'environnement. Il est le représentant le plus prometteur de l'architecture de maisons solaires passives. Une série entière de villas en verre d'une beauté saisissante ont vu le jour sous le titre « Solar... ». Elles se situent à l'opposé de l'esthétique alternative rustique des premières maisons écologiques, et se font les championnes des matériaux nobles et des techniques de pointe. Le projet Solar Box est l'agrandissement d'une villa de plus de 100 ans. Un cube de verre, situé en façade, forme un atrium ouvert. Des passages ont été aménagés entre la nouvelle construction et l'ancienne. L'orientation au sud et la structure vitrée ventilée et dotée de grandes possibilités d'ouverture assurent la pénétration de la lumière du jour dans toutes les pièces et ouvrent l'édifice sur le jardin. La terrasse à l'avant et un solarium sur le toit élargissent encore le rapport avec l'extérieur.

The building remains unobstructed and the heavy materials convey a soaring lightness.

Die Konstruktion bleibt unverdeckt, trotzdem vermitteln die an sich schweren Materialien eine schwebende Leichtigkeit.

La construction n'est pas couverte, mais les matériaux, quoique lourds en eux-mêmes, lui confèrent une légèreté aérienne.

"Solar Deck", Vienna

Approximately 300 m² of living space were to take shape on a relatively small lot, whose neighboring houses seemed threateningly close. To stem this dominance and to contrast the narrowness of the space with depth were resulting requirements to enable an optimal quality of life: at ground level, secure, the bedrooms with closets. Above is the generous upper level, glazed on three sides, where the open living and eating areas as well as the kitchen were arranged. The upper level was expanded with a projecting terrace toward the east, south and west and allows a view of a deepness that extends beyond the terrace. A row of windows along the enclosed north wall creates an airspace toward the inside that joins the two floors and allows maximum use of sunlight and warmth from this side. As a result, the lighting in the entire house seems playful and the climatic conditions remain constant.

„Solar Deck", Wien

Etwa 300 m² Wohnraum sollten auf einem relativ kleinen Grundstück entstehen, dessen Nachbarhäuser bedrohlich nahe erschienen. Dieser Dominanz Einhalt zu gebieten und der räumlichen Enge eine Tiefe entgegenzusetzen waren demnach die Anforderungen, um eine optimale Wohnqualität zu ermöglichen: ebenerdig, geborgen, die Schlafzimmer mit Nebenräumen. Darüber liegt das großzügige, dreiseitig verglaste Obergeschoss, in dem der offene Wohn- und Essbereich sowie die Küche eingerichtet wurden. Das Obergeschoss wurde nach Osten, Süden und Westen mittels einer vorgelagerten Terrasse erweitert und ermöglicht die Wahrnehmung von Tiefe. Mittels eines Lichtbandes entlang der abgeschlossenen Nordwand, die nach innen einen Luftraum bildet, der beide Geschosse miteinander verbindet, konnte eine maximale Nutzung von Sonnenlicht und -wärme auch von dieser Seite erreicht werden. Die gesamte Lichtsituation des Hauses präsentierte sich daraufhin spielerisch, und die klimatischen Bedingungen blieben konstant.

« Solar Deck », Vienne

La gageure était de construire 300 m² habitables sur un terrain relativement restreint, avec des maisons voisines qui semblaient dangereusement proches. Il fallait donc atténuer cette dominance et compenser l'étroitesse du terrain en lui donnant de la profondeur afin d'obtenir une qualité de vie optimale : au niveau du sol, protégées, les chambres avec dépendances. Au-dessus, un étage généreux vitré sur trois côtés, où ont été aménagés des espaces ouverts de séjour et de repas, ainsi que la cuisine. Cet étage supérieur s'élargit vers l'est, le sud et l'ouest avec une terrasse en encorbellement qui donne une vue sur une profondeur qui dépasse celle de la terrasse elle-même. La façade nord presque aveugle est coupée par une bande de fenêtres qui crée un espace aéré à l'intérieur, relie les deux étages et permet une captation maximum de la lumière et de la chaleur du soleil. Dans toute la maison, la situation générale de l'éclairage donne une impression ludique, et les conditions climatiques sont constantes.

The large window surfaces have plenty of heat-retaining building mass as well as breathable materials like the wood floors as a counterpoint.

Den großen Fensterflächen stehen genügend wärmespeichernde Baumassen sowie atmende Materialien wie die Holzböden gegenüber.

Les grandes surfaces de fenêtres constituent une masse suffisante de captation de la chaleur et sont complétées par des matériaux qui respirent, tels que les parquets.

"Solar Mount", Vienna

When approaching from the street at the level of the roof deck, the path leads either over a ramp to the home's gallery or by way of a staircase down to the lower level, which lies 10m beneath street level. The way through the building using the stairs leads to five living floors arranged as split levels. The path becomes an experience; because of the irregular staircases and the constant transparency there are constantly new insights, perspectives and outlooks. Through the use of unconventional materials used thoughtfully to the last detail, bright, open rooms appear simultaneously extravagant and harmonious. There are views to all levels of the seamlessly joined open areas and into the expansive landscape. Beneath the roof deck is an eat-in kitchen with a balcony, and below that the bedroom with a terrace and ensuite bathroom opens to the stairway. The architect's goal was a symbiotic overall picture that integrates the surrounding nature and landscape with the interior.

„Solar Mount", Wien

Von der auf Höhe der Dachterrasse gelegenen Straße kommend, führt der Weg wahlweise über eine Rampe auf die Galerie des Wohnraums oder über eine Treppe nach unten zum Untergeschoss, das zehn Meter tiefer als das Straßenniveau liegt. Der Weg durch das Gebäude über die Treppe führt über fünf Wohnebenen, die als Splitlevel angelegt sind. Dieser Weg wird zum Erlebnis: Aufgrund des unregelmäßigen Treppenverlaufs und der konstanten Transparenz ergeben sich immer wieder neue Einblicke, Durchblicke und Ausblicke. Helle, offene Räume, die mit ihrer bis ins Detail durchdachten unkonventionellen Materialität extravagant und harmonisch zugleich wirken. Durchblicke gibt es zu den an alle Ebenen nahtlos anschließenden Freibereichen und in die weitläufige Landschaft. Unter der Dachterrasse befindet sich die Essküche mit Balkon, darunter der Schlafraum mit Terrasse und einem zum Treppenraum offenen Bad. Ziel des Architekten war ein symbiotisches Gesamtbild, das Natur und Landschaft integriert.

« Solar Mount », Vienne

De la rue, on accède à cette maison au niveau de la terrasse de toit. On peut emprunter une rampe qui donne accès à la galerie du séjour, ou un escalier qui mène au rez-de-chaussée, 10 mètres en dessous du niveau de la rue. L'escalier conduit à travers cinq niveaux disposés en mi-étages. Le parcours se transforme en aventure, car les irrégularités de l'escalier et la transparence constante forment des vues et des perspectives toujours changeantes. L'utilisation imaginative de matériaux inattendus pensés dans les moindres détails fait apparaître des espaces lumineux et ouverts, à la fois extravagants et harmonieux. Le regard atteint tous les niveaux des espaces ouverts et fluides, ainsi que le paysage qui s'étend au-dehors. Sous la terrasse de toit se trouve la cuisine salle à manger avec balcon, et encore en dessous, la chambre à coucher avec terrasse, et une salle de bains ouverte sur la cage d'escalier. L'architecte recherchait une image d'ensemble symbiotique, intégrant la nature environnante et le paysage avec les espaces intérieurs.

The weight-bearing steel skeleton inside remains visible for the most part. Painted black, it contrasts clearly with the remaining few materials, but without dominating them. Rather the steel struts and girders frame the planes of the walls, floors and ceilings.

Das tragende Stahlskelett blieb im Inneren weitgehend sichtbar. Schwarz gestrichen, setzt es sich deutlich von den wenigen übrigen Materialien ab, ohne jedoch zu dominieren. Vielmehr rahmen die Stahlstützen und -träger die flächigen Wände, Böden und Decken.

De l'intérieur, une grande partie du squelette portant en acier reste visible. Peint en noir, il se distingue nettement du reste des matériaux, sans toutefois dominer. Les entretoises et les poutres servent plutôt de cadres aux parois lisses, aux parquets et aux plafonds.

Mann House, Sonoma County (USA)

For over 30 years, Richard Fernau and Laura Hartmann have specialized in the area of energy-conserving architecture. Their work considers fundamental ecological research and historically important aspects of the building situation, i.e., its location on the landscape. Every project begins with a detailed analysis of the environment and the specific requirements of the client. Mann House is surrounded by vineyards and is in some ways like a farmhouse. A versatile range of rooms was achieved despite a relatively small lot. The rooms are joined in such a way that their footprints overlap but they are still sufficiently defined. The window apertures are seldom large, but are arranged extremely variable and on occasion even run around a corner of the house. Different types of ventilation and shading prevent overheating in summer. The residence was featured in the *New York Times Magazine* under the title "Living Green" in 2008.

Mann House, Sonoma County (USA)

Seit über 30 Jahren haben sich Richard Fernau und Laura Hartmann im Bereich der energieschonenden Architektur spezialisiert. Ihre Arbeit berücksichtigt ökologische Forschung, sowie Aspekte der Bausituation und der Landschaft. Jedes Projekt beginnt mit einer sorgfältigen Analyse des Umfeldes und der spezifischen Bedürfnisse des Klienten. Mann House ist umgeben von Weinbergen und ähnelt in manchen Bereichen einem Gutshaus. Trotz relativ kleiner Grundfläche wurde ein vielfältiges Raumangebot erzielt. Die Raumvolumen sind ineinander gefügt, so dass sich ihre Grundrisse überschneiden, aber doch ausreichend abgegrenzt sind. Die Fensterzuschnitte sind selten sehr großflächig, aber extrem variabel angeordnet und verlaufen mitunter sogar um eine Hausecke herum. Verschiedene Formen der mechanischen Belüftung und Beschattung verhindern eine Überhitzung im Sommer. Die Residenz wurde 2008 unter dem Titel „Living Green" im New York Times Magazine vorgestellt.

Maison Mann, comté de Sonoma (États-Unis)

Depuis plus de 30 ans, Richard Fernau et Laura Hartmann sont spécialisés dans l'architecture de l'économie d'énergie. Leur travail tient compte de la recherche fondamentale écologique et des aspects historiques significatifs de l'emplacement des bâtiments, ainsi que de l'impact sur le paysage. Chaque projet débute par une analyse détaillée de l'environnement et des besoins spécifiques du client. La maison Mann, entourée de vignes, rappelle par certains aspects un domaine agricole. Malgré une surface de construction relativement étroite, l'espace obtenu est très diversifié. Les volumes habitables sont encastrés les uns dans les autres de telle sorte que leurs plans s'entrecoupent, tout en demeurant pourtant suffisamment différenciés. Les fenêtres sont rarement grandes, mais elles sont disposées dans des endroits très variés, et enveloppent parfois les angles. Différents dispositifs d'aération mécanique et d'ombrage évitent la surchauffe en été. La résidence est apparue en 2008 dans le New York Times, sous le titre de « Living Green ».

A modern stove is available for heating. The façade consists in part of earth-colored loam rendering and in part of reddish-brown wood siding and harmonizes wonderfully with the surroundings.

Zum Heizen steht ein moderner Kaminofen zur Verfügung. Die Fassade besteht teils aus erdfarbenem Lehmputz, teils aus rötlichbrauner Holzverschalung und harmoniert so wunderbar mit der Umgebung.

Une cheminée moderne est installée pour le chauffage. La façade est revêtue en partie d'un enduit argileux et en partie de bois, et s'harmonise parfaitement avec l'environnement.

West Marin House, Bolinas (USA)

This house was designed with a pervasive view to enhancing the landscape and spatial experiences. Every wall opening is consistently tailored for optimal light, warmth and even shade exposure and combined with mechanical ventilation systems. In the summer the rooms can be completely opened up by way of arcadia doors. The living area is expanded to incorporate the exterior space. In the yard stands a permanently available exterior kitchen. Extremely thick, straw-insulated walls protect year-round against both cold and heat. All of the building materials and fittings were selected on the basis of their environmental friendliness and lack of contaminants.

West Marin House, Bolinas (USA)

Dieses Haus wurde auf eine Durchdringung von Landschafts- und Raumerlebnis hin angelegt. Jede Wandöffnung ist dabei konsequent auf die optimale Licht-, Wärme- bzw. Schattenaufnahme zugeschnitten und mit einem mechanischen Lüftungssystem kombiniert. Im Sommer können die Räume über große Glastüren ganz geöffnet werden. Der Wohnbereich wird um den Außenraum erweitert. Im Garten steht eine dauerhaft installierte Freiküche zur Verfügung. Extrem dicke, mit Stroh isolierte Mauern schützen das ganze Jahr über sowohl vor Kälte als auch vor Hitze. Alle verwendeten Bau- und Ausstattungsmaterialien wurden auf ihre Umweltfreundlichkeit und Schadstofffreiheit hin ausgesucht.

Maison West Marin, Bolinas (États-Unis)

Cette maison a été construite selon le principe d'une interpénétration des volumes et du paysage. Chaque ouverture des murs est calculée pour optimiser l'exposition à la lumière, à la chaleur ou à l'ombre, et est combinée à un système d'aération mécanique. En été, les grandes portes vitrées des pièces s'ouvrent de part en part, et l'espace habitable se prolonge sur l'espace extérieur. Une cuisine d'été permanente à été aménagée dans le jardin. Des murs extrêmement épais, isolés à la paille, protègent toute l'année aussi bien du froid que de la chaleur. Les matériaux utilisés pour la construction et la décoration ont tous été choisis en fonction de leur respect de l'environnement et de leur absence de substances toxiques.

Wood, glass and loam are the dominant materials in the interior architecture.

Holz, Glas und Lehmputz sind die vorherrschenden Materialien der Innenarchitektur.

À l'intérieur, les matériaux qui dominent sont l'argile, le bois et le verre.

grabowski.spork architektur

a.m.o.r.-System-Home, Wohratal (Germany)

The a.m.o.r.-System is a joint development between the architects and the company Wohrataler Holzhaus. The modular room system is built using mixed wood-skeleton wood-frame construction. With nearly 100% prefabrication, building costs are kept very low. All use types that can be realized as low-energy-use buildings. The house in Wohratal consists of three housing modules and one terrace module. The open living, eating and cooking area on the ground floor opens to the south. An open living and sleeping area is arranged on the upper level. From here one can reach the generous roof terrace. A wood pellet stove is in place as the central, triple-heat energy source. It provides heat directly to the rooms, feeds the system that heats the radiator water and the water for domestic use, and also serves as a warm water buffer.

a.m.o.r.-System-Wohnhaus, Wohratal (Deutschland)

Das a.m.o.r.-System ist eine gemeinsame Entwicklung der Architekten mit der Firma Wohrataler Holzhaus. Das modulare Raumsystem wird in Holzskelett-Holzrahmen-Mischbauweise hergestellt. Bei nahezu hundertprozentiger Vorfertigung bleiben die Baukosten sehr niedrig. Alle Nutzungstypen können als Niedrigenergiebau realisiert werden. Das Wohnhaus in Wohratal besteht aus drei Hausmodulen und einem Terrassenmodul. Der offene Wohn-, Ess- und Kochbereich im Erdgeschoss öffnet sich nach Süden. Im Obergeschoss ist ein offener Wohn-Schlaf-Bereich eingerichtet. Von diesem gelangt man auf die großzügige Dachterrasse. Ein Holzpelletofen wird als zentrale, dreifache Wärmeenergiequelle eingesetzt. Er gibt direkt Heizwärme an die Räume ab, speist das Warmwassersystem der Heizkörper und des Brauchwassers und außerdem einen Warmwasserpuffer.

Maison système a.m.o.r., Wohratal (Allemagne)

Le système a.m.o.r. a été développé en collaboration avec l'entreprise Wohrataler Holzhaus. Ce système modulaire utilise une technique de construction mixte de cadres et de squelettes en bois. Le bâtiment étant presque entièrement préfabriqué, les coûts de construction restent très bas. Tous les types d'utilisation proposés peuvent être réalisés en mode de faible consommation d'énergie. La maison de Wohratal se compose de trois modules d'habitation et d'un module de terrasse. L'espace ouvert du séjour, de la salle à manger et de la cuisine s'ouvre vers le sud. L'espace de séjour et de nuit, également ouvert, est situé à l'étage supérieur. En le traversant, on atteint une terrasse de toit à la surface généreuse. Le poêle à pellets de bois est une source centrale d'énergie triple. Il chauffe les pièces directement, nourrit le circuit d'eau chaude des radiateurs et de l'eau courante, et sert également de régulateur à eau chaude.

With the simultaneous use of wood in the construction and siding, the occurrence of cold bridges can be minimized.

Mit der gleichzeitigen Verwendung von Holz in Konstruktion und Ummantelung können Kältebrücken reduziert werden. Dieses Haussystem lässt sich besonders gut isolieren.

L'utilisation du bois, aussi bien pour la construction que pour le revêtement, réduit les ponts de froid. Ce système est particulièrement facile à isoler.

An individual formal and colorful design is easily and economically to achieve.

Eine individuelle formale und farbliche Gestaltung ist leicht und kostengünstig zu realisieren.

La personnalisation des formes et des couleurs est facile et économique.

Halle 58 Architekten

Apartment Building in Liebefeld

The new Swiss standard for ecological housing launched during this building's construction phase was applied, thereby making it the country's first "Minergie-P-ECO" house. The requirements were even exceeded, although the form factor of the building deviates greatly from the ideal igloo form or the customary cube. The ground plan in the form of a ship is defined by the plot shape. The building makes passive use of solar energy through glazing and by utilizing the building mass behind it as a heat accumulator. Triple and fixed glazing prevent energy loss. Recycling concrete was not used in the massive concrete construction of the ground floor, which had to be watertight. From the ground floor upward, the building is purely a timber construction with a façade covering consisting partially of untreated, cement-bound, wood-fiber plates and partially of larch-wood panels. A CO_2-neutral pellet heating system generates the remaining heat required.

Mehrfamilienhaus in Liebefeld

Noch während der Bauphase wurde ein neuer schweizerischer Öko-hausstandard lanciert und auf den Neubau angewandt, der somit das erste Minergie-P-ECO-Haus des Landes ist. Die Anforderungen ließen sich sogar übertreffen, obwohl der Formfaktor des Gebäudes stark von der idealen Igluform oder dem gebräuchlichen Würfel abweicht. Der schiffsförmige Grundriss des Neubaus wird durch die Parzellenform definiert. Das Gebäude nutzt die Sonnenenergie passiv über Verglasungen und die dahinter liegenden Baumassen als Wärmespeicher. Dreifach- und Festverglasungen verhindern Energieverluste. Das Untergeschoss des Gebäudes ist eine massive Betonkonstruktion, die wasserdicht sein muss, weshalb man auf Recyclingbeton verzichtete. Ab dem Untergeschoss handelt es sich um einen reinen Holzbau, dessen Fassadenbekleidung teils aus unbehandelten zementgebundenen Holzfaserplatten und teils aus Lärchenholzpaneelen besteht. Eine CO_2-neutrale Pelletheizung sorgt für die restliche Wärmeerzeugung.

Habitat collectif à Liebefeld

Cette construction neuve est le premier immeuble collectif de Suisse certifié Minergie-P-ECO, un standard écologique national pour l'habitat lancé alors que le bâtiment était encore en construction. Ce dernier répond plus que largement aux critères, et ce bien que sa forme de bateau, dictée par le tracé de la parcelle, soit très éloignée de la forme idéale de l'igloo ou encore de la forme cubique courante. Cette habitation passive capte l'énergie solaire par ses vitrages et stocke la chaleur dans les volumes situés derrière ces vitrages. Des vitrages, triples ou fixes, empêchent les déperditions thermiques. Le rez-de-chaussée est une massive construction de béton devant être parfaitement étanche, ce qui excluait l'emploi de béton recyclé. Au-dessus le bois règne en maître, avec un revêtement de façade constitué de panneaux de fibres agglomérés avec des liants de ciment et de panneaux de mélèze. Un chauffage à pellets, à émissions de CO_2 neutres vis-à-vis de l'effet de serre, assure le reste de la production de chaleur.

Water is heated by thermal solar
energy supplied by collectors on
the grassed flat roof.

Die Warmwasserversorgung
geschieht durch thermische
Solarenergiegewinnung aus
den Kollektoren des begrünten
Flachdachs.

Le chauffage de l'eau sanitaire est
assuré par des collecteurs solaires
thermiques installés sur le toit-
terrasse végétalisé.

A Photovoltaic system will soon
be installed.

Eine Photovoltaikanlage wird in
nächster Zeit installiert.

Il est prévu d'installer
prochainement des panneaux
photovoltaïques.

A central supporting stairwell, housing the technical core of the building, and a supporting façade enable an open, loft-like, interior design for the three residential floors.

Ein tragendes zentrales Treppenhaus mit Technikkern und eine tragende Fassade ermöglichen eine konstruktiv freie, loftartige Innenraumgestaltung der drei Wohngeschosse.

Grâce à la cage d'escalier centrale qui abrite le noyau technique de l'édifice et à la façade porteuse, l'aménagement intérieur est très ouvert, comme dans un loft, sur les trois étages résidentiels.

The lake cools the air so there is no need for an air-conditioning system.

Das Seewasser kühlt die Luft, so dass auf eine Klimaanlage verzichtet werden konnte.

L'eau du lac rafraîchit l'air, de sorte que l'on peut se passer de l'air conditionné.

Jeremy Till + Sarah Wigglesworth

Home with Studio in London

The architects used this project for their own home and studio to research and combine various innovative environmentally friendly building techniques. According to the basic principle of passive solar-energy use, open and super-insulated walls are distributed around the building. Toward the northeast and northwest, a thick layer of traditional bales of straw insulates the house. These were layered around a supporting structure of wood and covered with homogeneous multi-layer plastic materials to keep out rain, but to allow air to reach the straw. The elevated atelier is next to a railway track and was faced with sandbags for noise reduction. Inside, the house is finished with loam and paneled with recycled wood. A tower of bookshelves that serves as a ventilation chimney took shape in the spandrel between the two wings of the building. The home's technology includes solar heating, rainwater use and a composting toilet, among others. The architects won the RIBA Sustainability Award in 2004 for the house.

Atelierhaus in London

Die Architekten nutzten das Projekt ihres eigenen Wohn- und Atelierhauses zur Erforschung und Kombination unterschiedlichster innovativer Technologien des umweltschonenden Bauens. Nach dem Grundsatz der passiven Solarenergienutzung sind geöffnete und superisolierte Wände am Bau verteilt. Nach Nordosten und Nordwesten dämmt eine dicke Schicht aus herkömmlichen Strohballen das Haus. Diese wurden um eine tragende Konstruktion aus Holz herum geschichtet und nach außen mit Kunststoffwellplatten geschützt, die Regen abhalten, aber Luft an das Stroh lassen. Das aufgeständerte Atelier liegt an einer Bahnstrecke und wurde zum Lärmschutz mit Sandsäcken verblendet. Innen ist das Haus mit Lehm verputzt und mit Recyclingholz verkleidet. Aus Bücherregalen entstand ein Turm im Zwickel der beiden Bautrakte, der als Lüftungskamin dient. Die Haustechnik umfasst u. a. Solarthermie, Regenwassernutzung und eine Komposttoilette. Für das Haus erhielten die Architekten den RIBA Sustainability Award 2004.

Maison avec atelier, Londres

Les architectes ont utilisé leur propre maison pour expérimenter, et combiner différentes innovations techniques de l'architecture écologique. Selon les principes de l'utilisation passive de l'énergie solaire, des murs ouverts et extrêmement bien isolés sont distribués dans le bâtiment. Au nord-est et au nord-ouest, une couche épaisse de bottes de paille traditionnelles isole la maison. Elles sont disposées autour d'une structure porteuse en bois, et protégées à l'extérieur par des panneaux en plastique qui les abritent de la pluie tout en permettant à l'air de circuler dans la paille. L'atelier surélevé se trouve près d'une ligne de chemin de fer, protégé du bruit par des sacs de sable. À l'intérieur, les murs sont dotés d'un enduit à l'argile et lambrissés de bois recyclé. Une tour faite d'étagères à livres aménagée entre les deux ailes du bâtiment sert de cheminée d'aération. Le chapitre technique comprend un système de chauffage solaire, la réutilisation de l'eau de pluie, et des toilettes à compost. Les architectes ont reçu le RIBA Sustainability Award 2004.

Quite a variety of different recycled materials were used.

Insgesamt kam unterschiedlichstes Recyclingmaterial zum Einsatz.

Un grand éventail de matériaux recyclés ont été utilisés dans ce projet.

The supporting pillars for the base of the atelier consist of concrete rubble layered between concrete iron binding wires. The ground below this section of the building should eventually be overgrown.

Die Stützpfeiler des Ateliersockels bestehen aus Betonabfall, der zwischen Baugitter geschichtet wurde. Der Boden unter diesem Gebäudetrakt soll mit der Zeit wieder zuwachsen.

Les pilotis de la base de l'atelier sont faits de gravats de béton, entassés entre des grilles de construction. Avec le temps, on prévoit que la verdure finisse par reprendre ses droits sous cette partie de l'édifice.

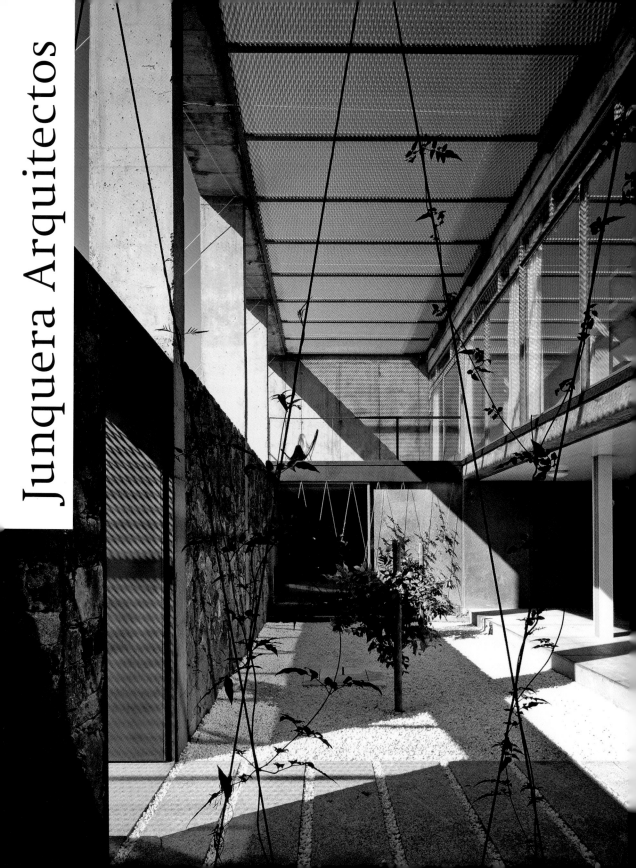

Junquera Arquitectos

Single Family Home in La Vera

In La Vera in Cáceres, Spain, it can be quite hot in summer, while the region benefits from a mild climate the rest of the year. Junquera Arquitectos built a home in which one can live comfortably year-round without the aid of an electricity-dependent air-conditioning system. The home is situated broadside to a flat hill. Light and warmth enter from the front, and the view into the landscape is open. Out the back, the house is partially built into the hill. Due to the flat but steep slope, the building is protected from the high summer sun, while the low winter sun can penetrate deep into the home through the broad window façade. Long, patio-like rooms run along the exterior front and rear wall on the hillside. The front patio that has the feel of a balcony can be shaded more with large metal screens; lower rays of sunshine can penetrate the screen, which is again by design. Water and plants on the front patio further serve as natural air-conditioning.

Einfamilienhaus in La Vera

In La Vera in Cáceres, Spanien, kann es im Sommer sehr heiß werden, während die Region das restliche Jahr von mildem Klima profitiert. Junquera Arquitectos erstellten ein Haus, in dem man ohne Zuhilfenahme stromabhängiger Klimatechnik zu jeder Jahreszeit komfortabel wohnt. Der Bau liegt breitgelagert an einem flachen Abhang. Von vorne fallen Licht und Wärme ein, und der Blick in die Landschaft ist frei. Hinten ist das Haus teilweise in den Hang hineingebaut. Durch die flache, aber tiefe Anlage ist das Gebäude bei sommerlichem hohem Sonnenstand geschützt, während die niedrig stehende Wintersonne durch die breite Fensterfassade tief ins Haus dringen kann. Vor der vorderen Front und an der hügelseitigen Rückwand verlaufen langgestreckte, patioartige Raumschächte. Sie dienen der Isolierung. Der vordere Patio, der das Raumangebot einer Loggia hat, kann mit großen Metallgittern zusätzlich beschattet werden. Wasser und Pflanzen im vorderen Patio dienen zusätzlich der natürlichen Klimatisierung.

Maison unifamiliale à La Vera

À La Vera, en Espagne, dans la province de Cáceres, l'été peut être très chaud tandis que le reste de la région jouit d'un climat modéré. Junquera Arquitectos ont bâtis une maison dans laquelle on peut vivre confortablement en toute saison, sans avoir recours à une technique de climatisation tributaire de l'électricité. Le bâtiment s'étend largement sur le plat d'une colline. La lumière et la chaleur entrent par devant, et la vue sur le paysage est dégagée. Derrière, la maison est en partie enfoncée dans la pente du terrain. L'édifice est plat et profond, ce qui le protège en été du soleil situé à la verticale, tandis qu'en hiver, le soleil plus bas pénètre jusqu'au fond de la maison à travers la large façade vitrée. Des espaces allongés aménagés comme des cours intérieures longent l'extérieur de la maison, sur le devant et à l'arrière, du côté de la colline. Ils servent à l'isolation. La cour frontale a les dimensions d'une loggia, et peut recevoir de l'ombre supplémentaire grâce à deux grilles de métal.

The wall of natural stone stores
the heat from the daytime sun
and slowly releases it at night.

Die Mauer aus Natursteinen speichert tagsüber die Sonnenhitze
und gibt sie nachts langsam wieder ab.

Pendant la journée, le mur en
pierres naturelles emmagasine
de la chaleur solaire qu'il libère
lentement la nuit.

Grates, in this case of aluminum, that contrast particularly well with the earth-colored concrete façade, are ideal for mechanical sun protection.

Gitterroste, in diesem Fall aus Aluminium, das besonders schön zur erdfarbenen Betonfassade kontrastiert, sind ideal für den mechanischen Sonnenschutz.

Les grilles en aluminium créent un contraste particulièrement réussi avec la façade en béton couleur terre, et sont une protection mécanique très efficace contre le soleil.

Like a natural cave, the house opens up with a panorama window above the hill.

Wie eine natürliche Höhle öffnet sich das Haus mit einem Panoramafenster über dem Hügel.

La résidence s'ouvre sur la colline comme une grotte naturelle par une fenêtre panoramique.

Lyman Perry: Matthew Moger

Villa in Pennsylvania (USA)

The prototype of the traditional Chester farmhouse was redefined here with a sense for the most modern knowledge of ecologically sound building. Deep eaves, whose gutter edges follow a rounded path that matches the path of the sun, open the house up to and deprive it of sunlight to the same degree—as constant living temperature demands. The house reacts passively to the respective temperature cycles during the day and throughout the year. Heat-retaining, natural flooring allows the floor heating to work optimally and prevents energy loss. A mechanical ventilation system that incorporates the chimney ductwork and stairwells also makes the home energy-independent and provides natural air to the rooms. Any electricity needed is produced by photovoltaic foil on the roof.

Landhaus in Pennsylvania (USA)

Der Grundtyp des traditionellen Chester-Farmhauses wurde hier im Sinne modernster Erkenntnisse des ökologischen Bauens neu definiert. Tiefe Dachüberstände, die mit einem abgerundeten Verlauf ihrer Trauflinie dem Sonnenverlauf angepasst wurden, öffnen und entziehen das Haus gleichermaßen der Sonneneinstrahlung – so, wie es ein konstantes Wohnklima erforderlich macht. Das Haus reagiert passiv auf die jeweiligen Temperaturzyklen – während des Tages und über das Jahr. Ein wärmespeichernder, natürlicher Bodenbelag lässt die Fußbodenheizung optimal wirken und verhindert Energieverluste. Ein mechanisches Belüftungssystem, das auch die Schornsteinschächte und Treppenhäuser mit einbezieht, macht das Haus auch in dieser Beziehung energieunabhängig und versorgt es mit natürlicher Raumluft. Was an Strom benötigt wird, erwirtschaften Photovoltaikfolien auf dem Dach.

Chalet en Pennsylvanie (États Unis)

La ferme Chester traditionnelle est redéfinie ici sous l'influence des dernières connaissances en construction écologique. Les avancées de toits profondes aux bords arrondis suivent le parcours du soleil dans le ciel. Elles ouvrent la maison au soleil tout en la protégeant dans la même mesure de ses rayonnements, pour créer un climat constant à l'intérieur. L'édifice réagit passivement aux différents cycles de température qui se succèdent pendant la journée aussi bien qu'au cours de l'année. Un dallage naturel qui stocke la chaleur optimise l'efficacité du chauffage au sol et évite les pertes d'énergie. Un système d'aération mécanique qui intègre les conduits de cheminée et les cages d'escalier assure l'indépendance énergétique de l'édifice dans ce domaine en apportant de l'air naturel. Le courant requis est généré par les plaques photovoltaïques du toit.

Extended wall expanses of quarry stone are intended to link the house in its historical place to the landscape, or to nature in general. Sustainability and green architecture are the core ideas for this house, made with the elements listed above.

Ausgedehnte Mauerflächen aus Bruchstein sollen das Haus in seine Geschichtlichkeit, in die Landschaft bzw. in die Natur allgemein einbinden. Nachhaltigkeit und „grüne" Architektur sind die Grundideen dieses Hauses, die mit den genannten Elementen auch verwirklicht wurden.

De grandes surfaces de mur en pierres de carrière établissent un lien entre la maison et son histoire, ainsi qu'avec son environnement et la nature en général. La durabilité et l'architecture « verte » sont les principes fondamentaux de cette maison.

Calculated lines of sight, the choice of materials and the use of grass roofs create flowing transitions between exterior and interior.

Kalkulierte Blickachsen, die Auswahl der Materialien und die Einrichtung von Grasdächern schaffen fließende Übergänge zwischen außen und innen.

Les perspectives calculées, le choix des matériaux et les toitures végétales créent des transitions fluides entre l'extérieur et l'intérieur.

The reference to a traditional local housing type is intended to embody the idea of sustainability, as is the extensive use of natural stone, which also gives this architecture weight in the figurative sense.

Die Bezugnahme auf einen traditionellen lokalen Haustyp soll die Idee der Dauerhaftigkeit verkörpern, ebenso wie die ausgiebige Verwendung von Naturstein, der dieser Architektur auch im bildlichen Sinne Gewicht gibt.

La référence faite à un type de construction local et traditionnel veut exprimer l'idée de durabilité. Il en va de même pour l'utilisation de la pierre naturelle, qui donne du poids à cette architecture, au sens figuré également.

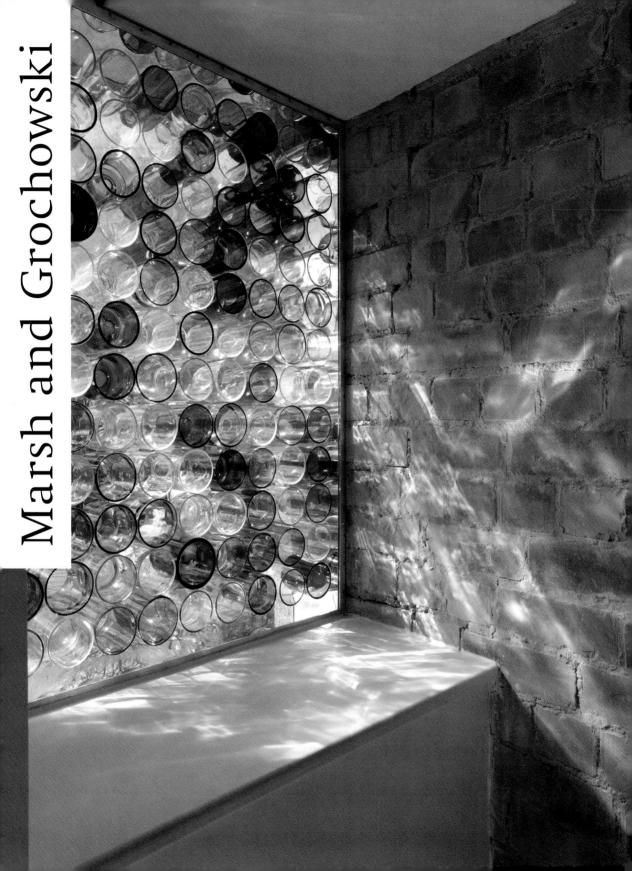

Marsh and Grochowski

Lacemakers House, Nottingham

This programmatic eco-friendly house arose from the renovation of a Victorian building in the old city of Nottingham. The house was gutted to boast three living levels, including double-height living and dining rooms. Mineral wool was used to insulate the old exterior brick walls, while the inside was insulated with recycled wood fiberboard. The improvements inside also made use of modern, environmentally friendly products, including oriented strand boards and tiles made of recycled glass, as well as Marmoleum® flooring, i.e., a modern composite material made of renewable resources (resin, excelsior, jute and others). Besides the use of green high-end technology like solar electricity, wind turbines and water treatment, this house included experimentation with sustainability on the design level. Wine-bottle bases are assembled into a modern bull's-eye glass window, paperboard tubes make a wall paneling in a ribbed pattern and mirror shards serve as light catchers in dark corners of the small building.

Lacemakers House, Nottingham

Dieses programmatische Ökohaus entstand durch den Umbau eines viktorianischen Gebäudes in der Altstadt von Nottingham. Das Haus wurde entkernt und hat nun drei Wohnebenen, und einen doppelt hohen Wohn-Essraum. Zur Isolierung der alten Ziegelaußenwände wurde Steinwolle verwendet, von innen wurde mit Recyclingholzfaserplatten gedämmt. Auch bei der Veredelung der Innenräume kamen moderne, umweltfreundliche Produkte zum Einsatz, darunter OSB-Platten, Fliesen aus Recyclingglas sowie Marmoleum®-Bodenbelag, ein modernes Kompositmaterial aus nachwachsenden Rohstoffen (Harz, Holzwolle, Jute u. a.). Neben der Verwendung von Bio-Highendtechnik, wie Solarstrom, Windturbinen und Wasseraufbereitung, experimentierte man auf gestalterischer Ebene mit dem Thema Nachhaltigkeit: Weinflaschenböden fügen sich zu einem modernen Butzenscheibenfenster, Papprohre bilden eine Wandverkleidung im Ripsmuster und Spiegelscherben dienen als Lichtfänger in dunklen Ecken des kleinen Gebäudes.

Lacemakers House, Nottingham

À l'occasion de sa transformation en résidence écologique, cet édifice victorien de la vieille ville de Nottingham a été vidé et est actuellement doté de trois niveaux, dont une chambre à manger à double hauteur. Les murs extérieurs en briques ont été isolés avec de la laine de roche, et l'intérieur avec des panneaux en fibre de bois recyclé. Des matériaux modernes et écologiques ont également trouvé leur emploi dans la décoration intérieure. Entre autres, des panneaux de fibres de bois orientées et des carreaux de verre recyclé, ainsi qu'un revêtement de sol en Marmoleum®, composé de matières premières écologiques et renouvelables telles que la résine, la laine de bois, le jute, etc. Outre les techniques vertes de pointe telles que l'énergie photovoltaïque, les éoliennes et le traitement de l'eau, le thème de la durabilité se retrouve également dans l'esthétique : des fonds de bouteilles forment un vitrail moderne, des tubes de carton font un revêtement de mur côtelé, et des débris de miroir se transforment en capteurs de lumière pour des coins sombres.

Additional window surface was generated through the partial use of triple-insulated polycarbonate panes in the roof covering. Daylight filters from there over three stories into the house, unhindered by the intermediate landings of sandblasted glass.

Zusätzliche Fensterfläche entstand durch die partielle Verwendung dreifachisolierter Polykarbonatscheiben in der Dacheindeckung. Tageslicht fällt von dort über drei Etagen ins Haus – unbehindert von den Zwischendecks aus sandgestrahltem Glas.

On a créé une surface de fenêtres supplémentaire en utilisant sur le toit des vitres en polycarbonate à triple isolation, qui font pénétrer la lumière du jour dans les trois étages. Les plafonds et les sols intermédiaires en verre sablé ne lui font pas obstacle.

Marwan Al-Sayed

House of Desert Light, Paradise Valley (USA)

With the legendary house of earth and light, Masastudio used elements of North African desert architecture as a central theme for building in the 21st century. The new prestigious villa project in the Arizona desert also draws on thousands of years of knowledge about living in an extreme climate. The house is a cool retreat behind massive volumes of wall made of appropriate building materials (here concrete and plaster, which replace the historical adobe building technique) hermetically sealed against the outdoors. The property is oriented sideways and only partly two-story, while the foundation lies half-buried in the earth. It is organized around inner courtyards and opens toward them under arcades that provide additional shade. Brightness and moving fresh air flow in through air shafts of the size of towers. They are called light monitors because glass 'monitors' on the sides glow in the dark.

Wüstenlichthaus, Paradise Valley (USA)

Bereits mit dem legendären Haus aus Erde und Licht thematisierte Masastudio Elemente nordafrikanischer Wüstenarchitektur für das Bauen des 21. Jahrhunderts. Das neue repräsentative Villenprojekt in der Wüste Arizonas verarbeitet ebenfalls jahrtausendealte Erkenntnisse des Lebens in extremem Klima. Das Haus ist ein kühler Rückzugsort hinter massiven, nach außen hermetischen Mauervolumen aus entsprechenden Baumaterialien – hier Beton und Gipsguss, welche die historische Lehmbauweise ersetzten. Die Anlage ist breit gelagert und nur teilweise zweigeschossig, während sie mit ihrer Basis zur Hälfte im kühlenden Erdreich liegt. Sie ist um Innenhöfe herum angeordnet und öffnet sich dort unter Arkaden, die zusätzlichen Schatten spenden. Helligkeit und bewegte Frischluft fallen zudem über Lichtschächte ein, die hier eher schon die Dimension von Türmen haben. Sie heißen Light Monitors, denn ihre seitlichen Glas„monitore" leuchten im Dunkeln.

Maison de lumière du désert, Paradise Valley (États-Unis)

Avec sa légendaire maison de terre et de lumière, Masastudio avait déjà introduit dans l'architecture du XXIe siècle des éléments de l'architecture nord-africaine du désert. Ce nouveau projet de villa de luxe dans le désert de l'Arizona met de nouveau en jeu des connaissances millénaires de la survie dans un climat extrême. La résidence est un refuge frais abrité derrière des volumes massifs de murs hermétiques à l'extérieur, construits en béton et en plâtre au lieu du pisé traditionnel. Le bâtiment est disposé dans le sens de la largeur et n'a de second étage que par endroits. Il est à moitié enfoncé dans la terre, qui le rafraîchit, et s'organise autour de cours intérieures où des arcades donnent une ombre supplémentaire. La lumière et l'air frais en mouvement pénètrent également par des puits de lumière qui prennent ici des dimensions de tours et portent le nom de « Light Monitors », parce que, en effet, leurs « moniteurs » latéraux en verre brillent dans l'obscurité.

A feeling of pleasant coolness
accompanies the soft light.

Mit dem gedämpften Licht geht
eine Empfindung von wohltuen-
der Kühle einher.

La lumière tamisée crée une sen-
sation de fraîcheur et de bien-être.

The austere clarity of the interiors
is an appropriate contrast to
the drama of the landscape and
surrounding climate.

Die asketische Klarheit der Innenräume ist ein angemessener Kont-
rast zur Dramatik der Landschaft
und des Klimas der Umgebung.

La clarté ascétique des pièces crée
un contraste bienvenu avec le
paysage spectaculaire et le climat
extrême.

In the evening the exterior spaces come to life. The desert sky and the giant light towers try to outshine each other.

Am Abend erwachen die Außenräume zum Leben. Der Wüstenhimmel und die gigantischen Lichttürme leuchten um die Wette.

Le soir, les espaces extérieurs prennent vie. Le ciel du désert et les gigantesques tours de lumière brillent à l'envi.

The pale gray tones of the concrete and plaster surfaces are part of the plan.

Die hellgraue Tonalität der Beton- und Gipsoberflächen ist Konzept.

La tonalité gris clair du béton et des surfaces de plâtre fait partie du concept.

Alongside are the simple water surfaces and delicate tones of a desert garden.

Ihr zur Seite gestellt sind die schlichten Wasseroberflächen und die zarten Töne des Wüstengartens.

Elle se marie avec les surfaces sereines de l'eau et avec les nuances délicates du jardin désertique.

McBride Charles Ryan

Klein Bottle House, Rye (Australia)

It is repeatedly in small formats where architects achieve their most beautiful results. This vacation home, originally little more than a beach house, attends to a breathtakingly sculptural form inspired by mathematician Felix Klein's experimental play with a plane-space model. The spaces that fold in on themselves bear no relationship to conventional constructed rooms and give the small structure apparent limitlessness. The sculpture crouches in the dunes, its horizontal openings hidden in deep recesses, protected from direct sunlight. With the building's skin of cement fiberboard and colored zinc plate, a surprisingly traditional element is in play—generations have built with this fireproof, rot-proof and termite-proof combination of materials in Australia.

Klein Bottle House, Rye (Australien)

Es sind immer wieder die kleinen Formate, in denen Architekten ihre schönsten Ergebnisse erzielen. Dieses Ferienhaus, ursprünglich wenig mehr als ein Strandhaus, wartet mit einer atemberaubenden skulpturalen Form auf, hinter der das experimentelle Spiel mit einem Fläche-Raum-Modell des Mathematikers Felix Klein steckt. Die ineinander gefalteten Volumen sind völlig unabhängig von konventionell konstruierten Räumen und verleihen dem kleinen Objekt eine scheinbare Unendlichkeit. Die Skulptur duckt sich in die Dünen; ihre horizontalen Öffnungen sind in tiefen Rücksprüngen verborgen und vor direktem Sonneneinfall geschützt. Mit der Gebäudehaut aus Zementfaserplatten und farbigem Zinkblech kommt ein überraschend traditionelles Element ins Spiel – mit dieser feuer-, fäulnis- und termitenfesten Materialkombination wird in Australien schon seit Generationen gebaut.

Maison Klein Bottle, Rye (Australie)

C'est souvent dans les petits formats que les architectes obtiennent les plus beaux résultats. Cette maison de vacances, qui n'était à l'origine guère plus qu'une cabane de plage, présente une forme sculpturale saisissante inspirée du jeu expérimental sur les modèles plan-espace du mathématicien Felix Klein. Les volumes repliés les uns dans les autres brisent toutes les conventions des espaces architecturaux, et la petite structure semble infiniment vaste. C'est une sculpture tapie entre les dunes, dont les ouvertures horizontales sont cachées dans des niches profondes qui les protègent du soleil direct. La « peau » de l'édifice, en plaques de fibres de ciment et en tôle de zinc colorée, introduit un élément traditionnel surprenant : il y a des générations que l'on construit en Australie avec cette combinaison de matériaux à l'épreuve du feu, de la pourriture et des termites.

The interior appointments consist of bamboo parquet from ecological cultivation, wool carpets, marble and glass mosaic tiles.

Die Innenausstattung besteht aus Bambusparkett aus ökologischem Anbau, Wollteppichboden, Marmor und Glasmosaik.

Les revêtements intérieurs utilisent le parquet en bambou écologique, des moquettes en laine, du marbre et des mosaïques en verre.

Just as the extreme spatial model negates the traditional differentiation between load-bearing and non load-bearing parts, the color design between floor, wall and ceiling flows seamlessly.

So wie das extreme Raummodell die herkömmliche Unterscheidung zwischen tragenden und lastenden Teilen negiert, so verläuft auch die farbige Gestaltung zwischen „Boden", „Wand" und „Decke" hier grenzenlos.

Tout comme le modèle spatial extrême nie la différenciation traditionnelle entre les éléments porteurs et non porteurs, l'application des couleurs ne reconnaît pas les limites entre les sols, les murs et les plafonds.

The color pallet of the pavilion is intense and elegant: black and white, or rather light and dark, combine with a brilliant red.

Die Farbpalette des Pavillons ist intensiv und elegant: Schwarz-Weiß bzw. Hell-Dunkel kombiniert mit einem leuchtenden Rot.

La palette de couleurs du pavillon est intense et élégante : le noir et blanc, ou plutôt la clarté et l'obscurité, se combinent à un rouge lumineux.

Mickey Muennig

Pfeiffer Ridge House IV, Big Sur

Mickey Muennig is known as one of the most important representatives of American organic architecture which draws on Frank Lloyd-Wright among others, and primarily represents a philosophical convergence of nature and architecture. Muennig is thereby a representative of a biomorphic design language that avoids right angles and also builds directly in nature using tree and cave houses or grass roofs. He has always worked with the newest discoveries in eco-friendly architecture since the 1970s, including the extensive use of passive solar energy and residential water recycling. Muennig's buildings are recognizable not just in a formal way, but also because of the limited materials used, i.e., concrete, wood and glass. Most of his buildings are in Big Sur, California: this coastal landscape is one of the most strictly protected regions in the United States.

Pfeiffer Ridge House IV, Big Sur

Mickey Muennig gilt als einer der wichtigsten Vertreter der amerikanischen Organic Architecture, die u. a. auf Frank Lloyd-Wright zurückgeht und zunächst eine philosophische Annäherung zwischen Natur und Architektur meint. Muennig ist dabei ein Vertreter einer biomorphen Formensprache, die den rechten Winkel vermeidet bzw. mit Baum- und Höhlenhäusern oder Grasdächern direkt in die Natur baut. Bereits seit den 1970er-Jahren verarbeitet er die jeweils neuesten Erkenntnisse der ökologischen Architektur, wie beispielsweise die extensive passive Nutzung von Sonnenenergie oder das Brauchwasserrecycling. Muennigs Bauten sind wiedererkennbar; nicht nur in formaler Hinsicht, sondern auch wegen ihrer Beschränkung auf die Materialien Beton, Holz und Glas. Die meisten seiner Bauten finden sich im kalifornischen Big Sur – die Küstenlandschaft ist eine der am strengsten naturgeschützten Regionen der Vereinigten Staaten.

Maison Pfeiffer Ridge IV, Big Sur

Mickey Muennig est l'un des principaux représentants de l'architecture organique américaine, qui s'inspire entre autres de Frank Lloyd-Wright, et qui est au départ un rapprochement philosophique entre la nature et l'architecture. Muennig revendique un langage formel biomorphique qui évite les angles droits, et construit également directement dans la nature, avec des maisons dans les arbres ou troglodytes et des toits végétaux. Depuis les années 1970, il travaille toujours avec les derniers progrès réalisés en architecture écologique, par exemple l'emploi passif de l'énergie solaire ou le recyclage de l'eau domestique. Les constructions de Muennig sont toujours reconnaissables, non seulement du point de vue formel, mais aussi par le choix limité des matériaux, béton, bois et verre. La plupart de ses bâtiments se trouvent dans le Big Sur californien, où le paysage côtier est l'une des régions les plus sévèrement protégées des États-Unis.

In many places the borders between house and yard disappear: a pond extends halfway into the living room from the yard.

An vielen Stellen lösen sich die Grenzen des Hauses zum Garten auf: Ein Teich reicht vom Garten zur Hälfte in den Wohnraum hinein.

La frontière entre la maison et le jardin disparaît en maints endroits : un bassin se trouve à cheval entre le jardin et la salle de séjour.

Glass and concrete have a balanced energy relationship: to catch the sun on the one hand and act as a thermal mass on the other.

Glas und Beton stehen in ausgewogenem energetischem Verhältnis zueinander: als Sonnenfänger einerseits und Speichermasse andererseits.

Le verre et le béton se rencontrent dans un équilibre énergétique calculé : celui-là pour capter l'énergie solaire thermique, celui-ci pour l'emmagasiner.

Nomadhome

NOMAD Home 6 Module V2

NOMAD Home is a flexible modular construction system where each module is 11 m². The modules themselves are flexible and expandable. The mobile homes can be easily assembled or dismantled in two to three days and transported on a standard truck. The most important materials are steel, aluminum and linoleum. The houses are sold with the Austrian Energy Performance Certificate for residential buildings and even in the basic version meets the German standard for low-energy-use homes. The Auto NOMAD version has a complete solar-energy delivery system and a freshwater- and blackwater-management system.

NOMAD Home 6 Module V2

NOMAD Home ist ein flexibles Konstruktionssystem aus Modulen von jeweils 11 m². Die Module selbst sind variabel und erweiterbar. Das mobile Haus kann sehr leicht innerhalb von zwei bis drei Tagen auf- bzw. abgebaut werden und ist für den Transport per Standard-LKW geeignet. Seine wichtigsten Materialien sind Stahl, Aluminium und Linoleum. Das Haus wird mit dem österreichischen Energieausweis für Wohngebäude vertrieben und entspricht bereits in seiner Grundversion dem deutschen Standard für Niedrigenergiehäuser. Die Version AutoNOMAD Home verfügt über eine vollständige Solarenergieversorgung und über ein Frisch- und Abwassermanagement.

NOMAD Home 6 Module V2

NOMAD Home est un système de construction flexible qui emploie des modules de 11 m². Les modules eux-mêmes sont variables, et peuvent être agrandis. La maison mobile peut être facilement montée ou démontée en deux ou trois jours, et peut être transportée sur un camion standard. Ses matériaux principaux sont l'acier, l'aluminium et le linoléum. La maison est vendue avec le certificat autrichien d'efficience énergétique et est conforme, même dans sa version de base, aux normes allemandes pour les résidences à basse consommation d'énergie. La version AutoNOMAD Home est équipée d'un système complet d'alimentation en énergie solaire thermique et d'un système de gestion de l'eau fraîche et usée.

The designer of the NOMAD Home
is Gerold Peham, in conjunction
with hobby a. schuster & maul.

Designer des NOMAD Home ist
Gerold Peham in Kooperation mit
hobby a. schuster & maul.

Le créateur de NOMAD Home est
Gerold Peham, en collaboration
avec hobby a. schuster & maul.

The materials used are light and
recyclable.

Die verwendeten Materialien sind
leicht und recycelbar.

Les matériaux utilisés sont légers
et recyclables.

In the largest variation the modules are joined around an L-shaped patio module.

In der großen Variante sind die Module L-förmig um ein Terrassenmodul gefügt.

Dans la variante de grande taille, les modules sont assemblés en L autour d'un module de terrasse.

Pich-Aguilera

Single Family Home Collserola, Barcelona

Equip Arquitectura Pich-Aguilera recently constructed a large mixed-use building complex in Barcelona based on comprehensive eco-knowledge. They drew on the Altener Program from the European Commission for Sustainable Building, where the focus is on energy conservation, bioclimatology and environmentally friendly architecture. This private home is also an environmentally programmatic building. The choice of materials considers questions of sustainability, reusability, absence of contaminants and suitability for climate technology. For example, waste wood-fiber board and linoleum were used. All provisions for heat regulation are mechanical, like the built-in shade screens, natural ventilation and green roof. Modern technology for water use and solar heat are also part of the configuration.

Einfamilienhaus Collserola, Barcelona

Equip Arquitectura Pich-Aguilera haben in Barcelona kürzlich einen großen gemischten Gebäudekomplex nach umfassendem ökologischem Kenntnisstand errichtet. Sie beziehen sich dabei auf das Altener Programm der Europäischen Kommission für nachhaltiges Bauen, in dem es um Energieeinsparung, Bioklimatik und umweltgerechte Architektur geht. Auch dieses Privathaus ist ein umweltprogrammatischer Bau. Die Auswahl der Materialien berücksichtigte Fragen der Nachhaltigkeit, Wiederverwertbarkeit, Schadstofffreiheit und der klimatechnischen Eignung. Verwendet wurden beispielsweise Abfallholzfaserplatten und Linoleum. Alle Maßnahmen zur Hitzeregulierung sind mechanisch, wie die fest eingebauten Schattengitter, die natürliche Ventilation oder das begrünte Dach. Moderne Technik zur Wasserhaushaltung und Solarthermie gehört ebenfalls zur Ausstattung.

Résidence unifamiliale Collserola à Barcelone

Equip Arquitectura Pich-Aguilera a édifié il y a peu à Barcelone un grand complexe de bâtiments à usage mixte basé sur les dernières connaissances en matière d'écologie. Le projet s'inscrit dans le programme Altener de la Commission européenne pour la construction durable concernant l'économie d'énergie, la bioclimatique et l'architecture écologique. Le choix des matériaux tient compte de la durabilité, du recyclage, de l'absence de substances toxiques, et de l'adaptation à la technologie climatique. On a employé par exemple des panneaux de fibres de déchets de bois et du linoléum. Toutes les mesures prises pour la régulation de la chaleur sont mécaniques, par exemple les écrans intégrés qui donnent de l'ombre, l'aération naturelle ou le toit végétal. Des technologies modernes de gestion de l'eau et de la chaleur solaire font également partie du projet.

The sustainability-tested materials and technologies used also consider the front-end energy costs incurred, which must be calculated into a building's CO_2-ecological footprint.

Die Nachhaltigkeitsprüfung verwendeter Materialien und Techniken berücksichtigt auch den energetischen Aufwand, den diese im Vorfeld mit sich bringen und der in die CO_2-Bilanz eines Gebäudes mit eingerechnet wird.

Les critères de durabilité des matériaux et technologies employés tiennent également compte de leurs coûts énergétiques de production, qui doivent être intégrés au calcul du bilan des émissions de CO_2 de la maison.

Pugh + Scarpa

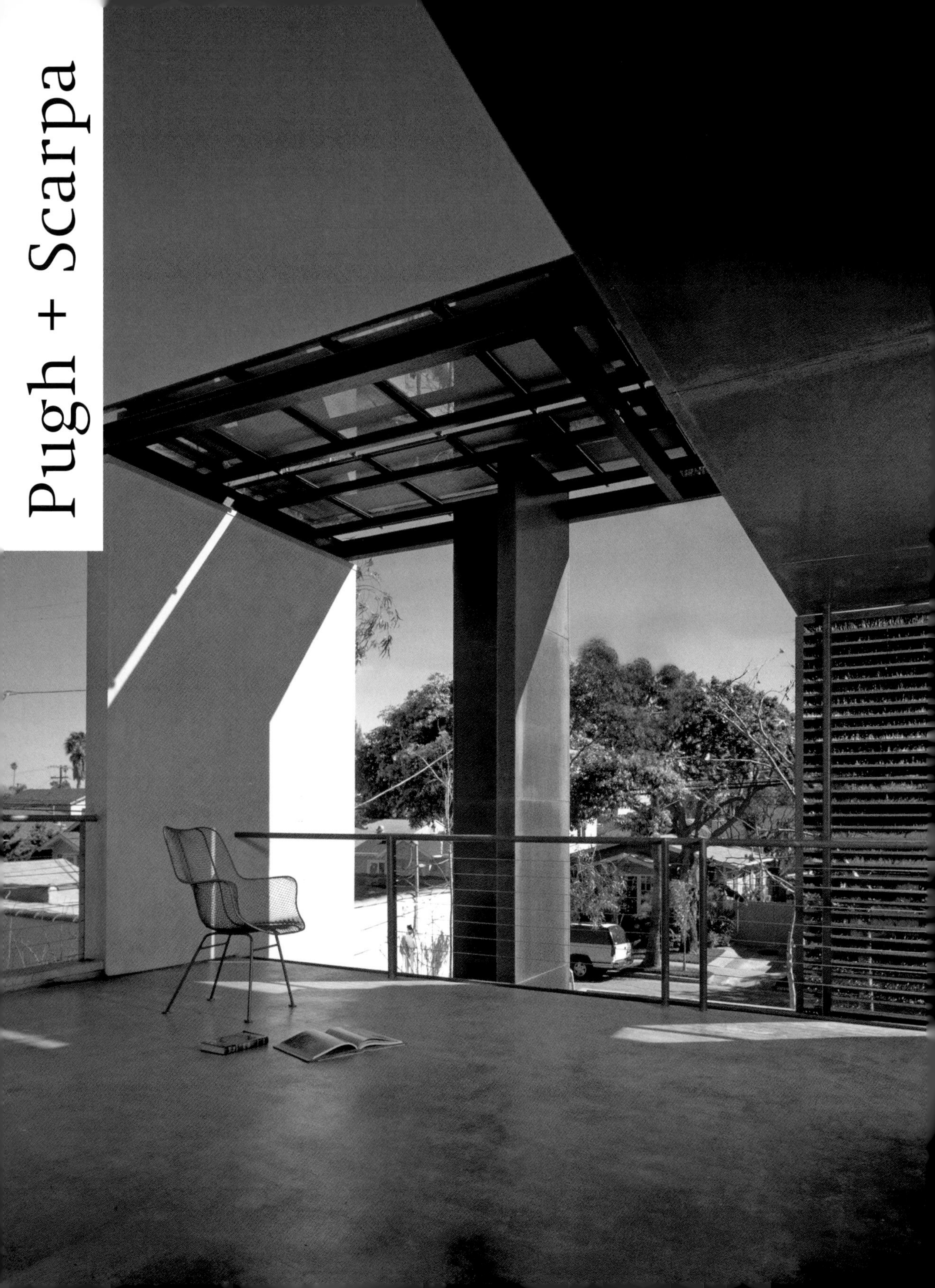

Solar Umbrella, Venice (USA)

The architects converted a rundown bungalow into an expanded residence that showcases environmentally responsible living for the 21st century. The premises were completely reoriented with a southern exposure. Exterior walls and the roof on the south side received a striking solar cell siding that dominates the remodeled building's appearance. This ensures optimal solar-electricity production. At the same time, the panels act as a screen for the walls against the heat. In all directions the house relates to the sun's position: stepped roofs, glass walls and skylights let targeted light and warmth into the house. Just how well exquisite aesthetics and building ecology fit together is especially apparent in the choice of materials for this house. Wall coverings of sandblasted recycled paper feature a beautiful texture and color. They are warmth- and sound-absorbing. Recycled products of steel and aluminum were used in the exterior areas. They present a very vivid surface.

Sonnenschirmhaus, Venice (USA)

Die Architekten verwandelten einen in die Jahre gekommenen Bungalow in eine ausgedehnte Bio- Residenz, des 21. Jahrhunderts. Die Räumlichkeiten wurden komplett neu in Südausrichtung angelegt. Außenwände und Dach erhielten auf der Südseite eine prägnante Solarzellenverkleidung, die das Erscheinungsbild des Umbaus dominiert. Man erhält hier die optimale Solarstromausbeute. Gleichzeitig bewirken die Paneele eine Abschirmung des Mauerwerks gegen Hitze. In alle Himmelsrichtungen bezieht sich das Haus auf den Sonnenstand: Gestufte Dächer, Glaswände und Oberlichter lassen gezielt an bestimmten Stellen Licht und Wärme ins Haus. An der Materialauswahl des Hauses wird besonders deutlich, wie gut exquisite Ästhetik und Bauökologie zusammenpassen. Wandverkleidungen aus sandgestrahltem Recyclingpapier zeigen eine schöne Struktur und Farbigkeit. Sie sind wärme- und schalldämmend. Recyclingprodukte aus Stahl und Granit wurden im Außenbereich verwendet.

Maison parasol, Venice (États-Unis)

Les architectes ont transformé un vieux bungalow en une ample résidence, archétype de l'habitat écologique du XXIe siècle. Les pièces ont toutes été réorientées vers le sud. Toujours au sud, les murs extérieurs et le toit sont revêtus de cellules photovoltaïques qui définissent l'apparence de la maison. La captation solaire est ici au maximum, et les panneaux protègent en même temps les murs de la chaleur. À tous les points cardinaux, la maison s'adapte à la position du soleil : des toits en escalier, des murs de verre et des lucarnes laissent pénétrer la lumière et la chaleur dans la maison par des entrées calculées. Le choix des matériaux montre de manière convaincante combien une esthétique raffinée et l'écologie de la construction peuvent faire bon ménage. Les murs sont revêtus d'un papier recyclé sablé de belle texture et de couleurs élégantes qui absorbe la chaleur et le bruit. À l'extérieur, des éléments recyclés en acier et en granit présentent une surface animée.

The original building was analyzed and adjusted to consistently meet the principle of sustainability. Passive and active solar-energy use makes the property 100% energy self-sufficient.

Der Altbau wurde einer Analyse unterzogen und konsequent dem Prinzip der Nachhaltigkeit angepasst. Passive und aktive Sonnenenergienutzung machen das Anwesen energetisch zu 100 Prozent autark.

Le bâtiment d'origine a été analysé et adapté rigoureusement au principe de durabilité. L'usage passif et actif de l'énergie solaire donne à la propriété une autonomie de 100 pour cent.

Light and shadow, the changing elements, become concrete tools of effective living.

Licht und Schatten, die wechselhaften Elemente, werden zu konkreten Werkzeugen effektiven Wohnens.

La lumière et l'ombre, les éléments changeants, deviennent des outils concrets du confort.

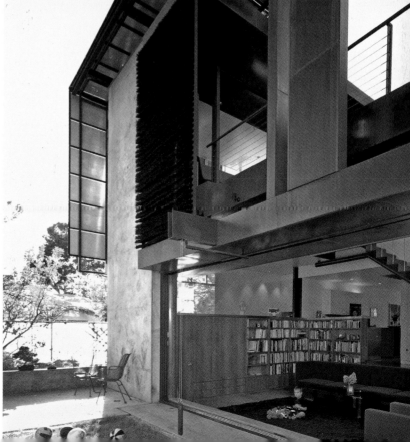

In the yard, sealed expanses were replaced with porous surfaces, a water-collection basin was installed and a Xeriscape garden chosen, whose plants need very little water.

Im Garten ersetzte man versiegelte Flächen durch wasserdurchlässige, richtete ein Wassersammelbecken ein und wählte einen Xeriscape-Garten, dessen Pflanzen besonders wenig Wasser benötigen.

Dans le jardin, on a remplacé les surfaces imperméables par des surfaces poreuses, on a placé un bassin collecteur d'eau, et on a choisi un jardin Xeriscape, dont les plantes consomment peu d'eau.

Raimund Rainer

Passive House Danzl, Terfens (Austria)

The home was designed as a compact structure with an integrated double garage. This compact nature was selected for creative and energy reasons. The architects and client realized their desire for a passive house; the new building even meets the new Austrian klima:aktiv building standard. Heating and warm-water production occur by way of a controlled air-conditioning and heat-recovery system using an earth heat exchanger with heat recovery and an air-to-air heat pump. A condensing boiler is also available. A solar-energy system earth heat exchanger with heat recovery and a high insulation-wall construction of predominantly ecologically tested materials make the self-contained system possible. Concrete and brick walls are covered with mineral rock wool and wood-fiber insulating boards. This is followed by a rear-ventilated wooden casing of raw, untreated larch slats.

Passivhaus Danzl in Terfens (Österreich)

Das Wohnhaus wurde als kompakter Baukörper mit integrierter Doppelgarage ausgeführt. Diese Kompaktheit wurde aus gestalterischen und energetischen Gründen gewählt. Die Architekten und Bauherren erfüllten sich den Wunsch nach einem Passivhaus; der Neubau erreicht sogar den neuen österreichischen klima:aktiv-Haus-Standard. Heizung und Warmwassergewinnung erfolgen über eine kontrollierte Lüftung und Wärme(rück)-gewinnung mittels Erdvorerwärmung und Luft-Luft-Wärmepumpe. Zusätzlich steht ein Brennwertofen zur Verfügung. Eine Sonnenstromanlage ist in Vorbereitung. Passivhausverglasung und ein hochdämmender Wandaufbau aus größtenteils ökologisch geprüften Materialien ermöglichen das autarke System. Auf Beton und Ziegelmauern liegt eine Mineralwolle- und Agepanplattendämmung. Danach folgt die hinterlüftete Holzverschalung aus sägerauen unbehandelten Lärchenholzleisten.

Maison passive Danzl à Terfens (Autriche)

La résidence est une structure compacte à double garage intégré. Son aspect massif est motivé par des raisons esthétiques et énergétiques. Les architectes et le client ont satisfait leur souhait d'une maison passive : le bâtiment atteint même le nouveau standard autrichien klima:aktiv. Le chauffage et la production d'eau chaude se réalisent par recaptation contrôlée de l'air et de la chaleur, au moyen du réchauffement de la terre et d'une pompe à chaleur air-air. Une chaudière à condensation est également installée. Un système à énergie solaire est en préparation. Des verrières de maison passive et des murs à haut pouvoir isolant, faits pour la majeure partie de matériaux écologiques testés, rendent possible l'autonomie du système. Les murs en béton et en briques sont recouverts d'une couche d'isolation en panneaux d'Agepan et en laine de roche, à laquelle s'ajoute un revêtement aéré en bois, fait de planches de mélèze brutes et non traitées.

The living area is on the top floor with a generous balcony to the west and a breakfast balcony attached to the kitchen on the east. The beautiful view of the Tyrolean Mountains is intended to permeate the house.

Wohnen im Obergeschoss mit einer großzügigen Terrasse im Westen und einer der Küche angeschlossenen Frühstücksterrasse im Osten mit wunderschöner Aussicht auf die Tiroler Bergwelt.

Les espaces de séjour se trouvent au dernier étage, avec une ample terrasse à l'ouest et, à l'est, pour le petit déjeuner, une terrasse attenante à la cuisine. Le splendide paysage des montagnes du Tyrol pénètre à l'intérieur de la maison.

r-m-p Architekten

Home in Alsheim
(Germany)

This is a passive house in Hesse for a young family. Generous windowpanes offer a wonderful view of nature and simultaneously serve solar purposes. The surrounding wall insulation—the thick coat distinctive to a passive house—was tested and optimized in coordination with the Darmstadt Passive House Institute. An example of difficulty was with the transition from the wood-home construction to the concrete foundation. Exterior-mounted roof overhangs are one aspect of the heat bridger-free construction. The inclusion of sealing film was completely dispensed with and instead the interior surfaces of the rooms were sealed with oriented strand board and special tape. Unlike films, these allow movement of dampness to the outside and are not so prone to tears. The house's heat source is by way of heat recapture through the air-conditioning system and a sole geothermal heating system, whose specialty is earth thermal collectors.

Wohnhaus in Alsheim
(Deutschland)

Ein Passivhauses in Hessen für eine junge Familie. Großzügige Fensterflächen bieten einen wunderbaren Blick ins Grüne und dienen gleichzeitig solaren Einträgen. Die umlaufende Wärmedämmung – die für ein Passivhaus kennzeichnende dichte Hülle – wurde in Abstimmung mit dem Passivhaus-Institut Darmstadt geprüft und optimiert. Diffizil war beispielsweise der Übergang von der Holzhauskonstruktion zum Betonuntergeschoss. Außen angesetzte Dachüberstände sind ein Aspekt der wärmebrückenfreien Konstruktion. Auf den Einbau von Dichtungsfolien wurde vollständig verzichtet und stattdessen rauminnenseitig mit OSB-Platten und speziellem Klebeband versiegelt. Diese ermöglichen im Gegensatz zu Folien einen Feuchtigkeitstransport nach außen und sind nicht so anfällig für Risse wie jene. Das Haus wird über Wärmerückgewinnung aus der Lüftungsanlage und über eine Sole-Erdwärmeleitung mit Heizenergie versorgt, deren Besonderheit korbförmige Kollektoren sind.

Maison à Alsheim
(Allemagne)

Dans cette maison passive pour une jeune famille, les généreuses surfaces vitrées offrent des vues magnifiques sur la nature et remplissent des fonctions solaires. L'épais mur d'isolation qui entoure le bâtiment a été testé et optimisé en collaboration avec l'institut Passivhaus de Darmstadt. L'un des éléments de difficulté du projet était la transition entre la construction en bois et ses fondations en béton. Les débords du toit montés à l'extérieur sont l'une des mesures prises pour éviter les ponts thermiques. Pour l'imperméabilisation à l'intérieur des pièces, on a préféré au film des panneaux de fibres de bois orientées et un ruban adhésif spécial, qui contrairement au film permet le transfert de l'humidité vers l'extérieur, et se déchire moins facilement. La maison est chauffée par récupération de la chaleur à travers le système d'air conditionné et un système géothermique à liquide salin doté de capteurs verticaux.

The basket-shaped earth thermal collector is easier and faster to install and therefore less expensive than traditional flat installations.

Der korbförmige Erdwärmekollektor ist einfacher und schneller einzubauen und daher günstiger als herkömmliche flächige Einbauten als Feld.

Le capteur géothermique en forme de panier est plus facile et plus rapide à installer, et est donc moins cher que les capteurs horizontaux traditionnels.

A former tool shed belongs with the home and an old wine tank could be repurposed as a rainwater cistern.

Ein ehemaliger Geräteschuppen gehört nun zum Wohnhaus, und ein alter Weintank konnte zur Regenwasserzisterne umfunktioniert werden.

Un ancien atelier est intégré à la maison, et un ancien tank à vin a été recyclé en citerne de collecte des eaux de pluie.

Three different temperature zones in the lower level required complex thermal separation techniques to insulate the cold and warm building areas.

Drei unterschiedliche Temperaturzonen im Untergeschoss galt es mit aufwendigen thermischen Trennmaßnahmen der kalten und warmen Bauteile zu isolieren.

Au sous-sol, trois zones de température différentes ont requis des techniques complexes de séparation thermique pour isoler les zones froides et chaudes du bâtiment.

Robert Grodski

Caston House, Melbourne

The structure and floor plan are climatically well laid out. The house is hermetically sealed on three sides and only open to daylight via a band of clerestory windows. The windows are built in part as glass louvers for better ventilation. Only the south side of the lower level is completely glazed, whereby the windows can be completely folded to the side and the house fully opened up to the yard. The roof overhangs are deep and protect against the midday sun. The main house was built from a steel-lattice framework. It seems like a very fine barn. Massive L-shaped blocks that are especially good temperature equalizers were 'poured' on the front end and near the outbuildings. The material has a surface much like Travertine, but made of black dirt and rock rubble. The artificial monolith boasts a fireplace on the inside and a rainwater tank on the outside. Photovoltaic cells on the roof provide electricity.

Caston House, Melbourne

Der Baukörper und seine Innenraumaufteilung sind klimatisch günstig angelegt. Das Haus zeigt sich nach drei Seiten hermetisch geschlossen und nur über ein Band von Oberlichtern direkt unter dem Dachaufsatz dem Tageslicht geöffnet. Nur das südliche Untergeschoss ist komplett verglast, wobei die Fenster ganz zur Seite gefaltet und das Haus so zum Garten hin freigelegt werden kann. Die Dachüberstände sind tief und schützen vor hochstehender Sonne. Das Haupthaus wurde in Stahlfachwerk konstruiert. Es wirkt wie eine veredelte Scheune. Aus Stampferde wurden an der Stirnseite und bei den Anbauten massive Mauerscheiben „gegossen", die besonders temperaturausgleichend sind. Das Material hat eine dem Travertin vergleichbare Oberfläche, wird aber aus Erdaushub und Steinschrott hergestellt. Der künstliche Monolith nimmt auf der Innenseite einen Kamin und auf der Außenseite einen Regenwassertank auf. Für die Stromversorgung gibt es Photovoltaikzellen auf dem Dach.

Maison Caston, Melbourne

La structure et la distribution du bâtiment sont pensées selon des critères climatiques. La maison est hermétiquement fermée sur trois côtés, où la lumière du jour ne pénètre qu'à travers une bande de claires-voies sous le toit. Une partie des fenêtres prend la forme de jalousies de verre pour une meilleure aération. Seul le côté sud du rez-de-chaussée est complètement vitré, et les fenêtres peuvent être complètement rabattues pour ouvrir la maison sur le jardin. Les avancées du toit sont profondes, et protègent la maison du soleil de midi. Le bâtiment principal est construit sur une structure en acier, et fait penser à une très belle grange. Des blocs massifs ont été « coulés » à l'avant de la maison et près des annexes. Ce sont de très bons régulateurs de température. Leur surface ressemble au travertin, mais ils se composent de terre et de gravats compactés. Ce monolithe artificiel est équipé d'une cheminée à l'intérieur et d'une citerne d'eau de pluie à l'extérieur. Les cellules photovoltaïques du toit fournissent de l'électricité.

This modern version of rammed
clay uses very little energy in its
production and is completely
recyclable. The earth-stone mix
can be made in the most varied
colors and compositions.

Diese moderne Version des
Stampflehms hat in der Herstellung eine sehr niedrige Energie-
bilanz und ist vollständig recycelbar. Die Erde-Stein-Mischung
kann in unterschiedlichsten
Farben und Strukturen hergestellt werden.

Cette version moderne du pisé
coûte très peu d'énergie à
produire, et est entièrement recyclable. Le mélange de terre et de
pierre peut donner les couleurs
et les textures les plus variées.

roos architekten

Höcklistein Development, Jona (Switzerland)

The idea of homes without heat in European latitudes requires some getting used to. But they are feasible without any loss of comfort. In fact, quite the opposite: through the warm surface temperatures of highly insulated exterior walls the coziness increases noticeably. It is about the simple principle of energy conservation. A household's warm exhaust air is heated by way of a heat exchanger. In the Höcklistein development, fresh air is pre-warmed to 8° Celsius (46.4° Fahrenheit) using an earth-tube collector. In contrast, the homes remain comfortably cool on hot summer days. The new buildings from roos architekten show that aesthetics does not suffer when the goal is to build as low-energy use as possible. The clear, modern architectural language with its filigreed surface structure blends harmoniously with the landscape of vineyards. Large, precisely cut windows enliven the façades of exotic red cedar.

Siedlung Höcklistein, Jona (Schweiz)

Die Vorstellung von Häusern ohne Heizung ist in europäischen Breitengraden noch gewöhnungsbedürftig. Sie sind aber ohne Verlust an Komfort realisierbar. Im Gegenteil, durch die warmen Oberflächentemperaturen hochgedämmter Außenwände steigt die Behaglichkeit merklich. Es geht um das einfache Prinzip der Energieerhaltung. Mit der warmen Abluft eines Haushaltes wird über einen Wärmetauscher die Frischluft geheizt. Diese wird in der Siedlung Höcklistein durch ein Erdregister um bis zu 8° Celsius vorgewärmt. An heißen Sommertagen bleiben die Wohnungen hingegen angenehm kühl. Die Neubauten von roos architekten zeigen, dass die Ästhetik nicht leidet, wenn es darum geht, möglichst energiesparend zu bauen. Ihre klare, moderne Architektursprache fügt sich mit einer filigranen Oberflächenstruktur harmonisch ins Landschaftsbild vor den Weinbergen ein. Große, präzise ausgeschnittene Fenster beleben die Fassaden aus edler Rotzeder.

Complexe Höcklistein, Jona (Suisse)

Sous les latitudes européennes, le concept des maisons sans chauffage peut sembler surprenant, pourtant on peut le réaliser sans que le confort ait à en souffrir. En fait, c'est même le contraire : les surfaces chaudes des murs extérieurs très isolés augmentent considérablement le bien-être à l'intérieur. Il s'agit du principe très simple de la conservation de l'énergie. L'air frais entrant est chauffé par l'air sortant grâce à un échangeur thermique. Dans le complexe Höcklistein, l'air frais est préchauffé à 8° Celsius au moyen d'une nappe de tubes enterrés. À l'inverse, les résidences restent fraîches pendant les jours chauds de l'été. Les nouveaux bâtiments de roos architekten montrent que l'esthétique n'a pas à être sacrifiée lorsque l'objectif est la réduction maximale de la consommation d'énergie. Le langage architectural clair et moderne et la structure délicate des surfaces s'intègrent harmonieusement dans le paysage de vignobles. De grandes fenêtres aux découpes précises animent les façades en cèdre rouge.

The buildings meet the Swiss Minergie-P-Standard for maximum energy consumption in a residential building. The architects are members of the Swiss Union for Energy Efficient Building in Wood, among others.

Die Gebäude erreichen den Minergie-P-Standard. Die Architekten sind unter anderem Mitglieder des Schweizerischen Verbandes für energieeffiziente Bauten in Holz.

Les bâtiments sont conformes à la norme suisse Minergie-P. Les architectes sont membres de l'Union suisse pour l'efficience énergétique dans les bâtiments en bois, entre autres.

The development consists
of six two-story apartments with
attics and lake views and four
garden apartments with large
patios.

Die Siedlung besteht aus sechs
Attika-Maisonettewohnungen
mit Seeblick und vier Gartenwoh-
nungen mit großem Außenraum.

Le complexe est composé de six
appartements de deux étages avec
des attiques et des vues sur le
lac, et de quatre résidences avec
jardin.

All units have a usable living
space of nearly 200 m² and the
possibility of flexible floor plans.

Alle Wohneinheiten verfügen
über eine Nettowohnfläche von
fast 200 m² und die Möglichkeit
zu jeweils flexibler Raumauf-
teilung.

Toutes les unités ont une surface
habitable utile de presque 200 m²,
et la distribution des espaces est
flexible.

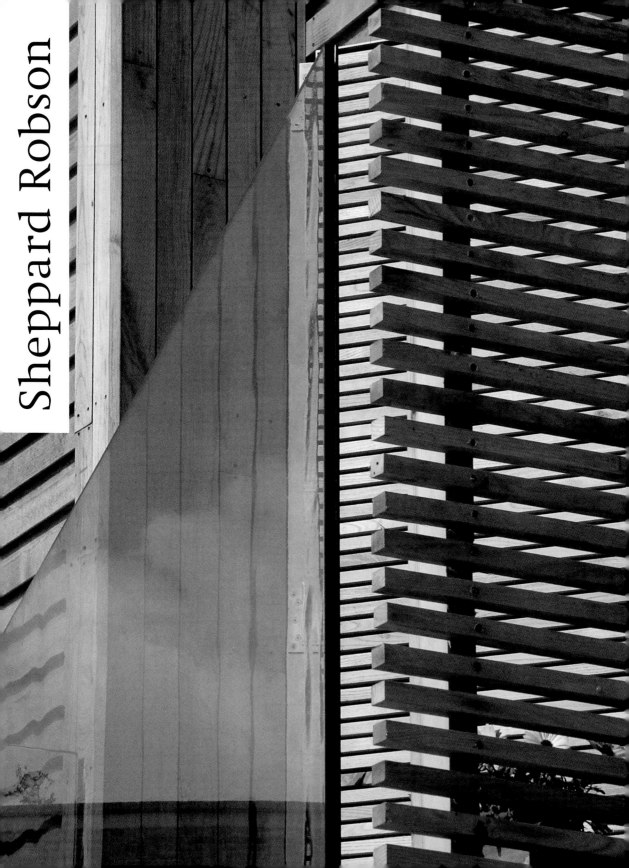

Sheppard Robson

"The Lighthouse" Home, Watford

The Lighthouse Home is the first CO_2-free home in Great Britain and already meets the best sustainability values for private homes, which are supposed to be mandatory nationwide by 2016. Architecture actively supports the realization of an environmentally friendly lifestyle. Above a simple square footprint, the wood structure reaches three and a half stories in height—thus its name. A single-pitch roof develops in a smooth swoop upward from the vertical façade and continues its wood-slat siding in the roof area. A light permeable roof overhang swoops decoratively down to the second floor and shades one of the balconies there. The design of the pivoting sliding shutters optimizes its use as a solar-oriented passive house. The accouterment of the building with eco-friendly technology is exemplary. There is a solar thermal system and photovoltaic cells, a biomass boiler, a wind turbine and a mechanical ventilation system with heat reclamation.

Leuchtturmhaus, Watford

Das Leuchtturmhaus ist das erste CO_2-freie Wohnhaus Großbritanniens und erreicht schon jetzt die besten Nachhaltigkeitswerte für Privathäuser, die ab 2016 landesweit Pflicht sein sollen. Architektur unterstützt hier aktiv die Realisierung eines umweltschonenden Lebensstils. Über einem einfachen rechteckigen Grundriss wächst der Holzbau mit dreieinhalb Geschossen in die Höhe – davon leitet sich sein Name her. Ein Pultdach entwickelt sich in sanftem Schwung aus der Fassadensenkrechten und führt deren Holzleistenverkleidung im Dachbereich fort. Ein lichtdurchlässiger Dachüberstand zieht sich in dekorativem Schwung bis in die erste Etage und schirmt dort einen der Balkone ab. Das Design der drehbaren Schiebeläden optimiert die Nutzung als sonnenorientiertes Passivhaus. Vorbildlich ist die Ausstattung des Gebäudes mit Ökotechnologie. Es gibt Solarthermie und Photovoltaik, einen Biomasseboiler, eine Windturbine sowie eine mechanische Lüftung mit Wärmerückgewinnung.

Maison phare à Watford

La maison phare est la première résidence sans émissions de CO_2 en Grande-Bretagne, et satisfait déjà aux critères de durabilité les plus stricts pour les résidences privées, qui entreront en vigueur à partir de 2016. Ici, l'architecture soutient activement un mode de vie écologique. La structure en bois qui s'élève sur un simple tracé au sol en carré atteint une hauteur de trois étages et demi, ce qui lui a valu son nom. Un toit en appentis dessine une courbe élancée à partir de la façade verticale, dont les lattes de bois se prolongent jusqu'au toit. Une avancée de toit qui laisse passer la lumière descend élégamment jusqu'au premier étage et y ombrage un balcon. Les volets coulissants et pivotants optimisent le caractère passif de la maison orientée en fonction du soleil. Le déploiement de technologie écologique est exemplaire : la maison est équipée d'un système thermique solaire et de cellules photovoltaïques, d'une éolienne et un système d'aération mécanique avec récupération de la chaleur.

Sheppard Robson were honored as the Sustainable Designers of the Year in 2006.

Sheppard Robson wurden 2006 als Sustainable Designer of the Year ausgezeichnet.

Sheppard Robson ont reçus le prix Sustainable Designer of the Year en 2006.

The business was ISO-certified for environmental management and considerably reduced all of the environmentally damaging aspects of its office practices.

Sie unterzogen ihr Unternehmen einer Zertifizierung nach der ISO-Norm für Umweltmanagement und reduzierten alle umweltbelastenden Aspekte der Bürohaushaltung wesentlich.

L'entreprise est certifiée ISO dans la gestion de l'environnement et a considérablement réduit tous les aspects dommageables à l'environnement du fonctionnement de ses bureaux.

Low-water-use fixtures reduce
consumption, with 30% met
with rainwater and graywater
recycling.

Spararmaturen reduzieren den
Wasserverbrauch, der zu 30 Prozent aus Regen- und Grauwasser-
recycling gedeckt wird.

Les robinetteries réduisent la
consommation d'eau, dont 30 %
provient de l'eau de pluie collectée
ou du recyclage des eaux grises.

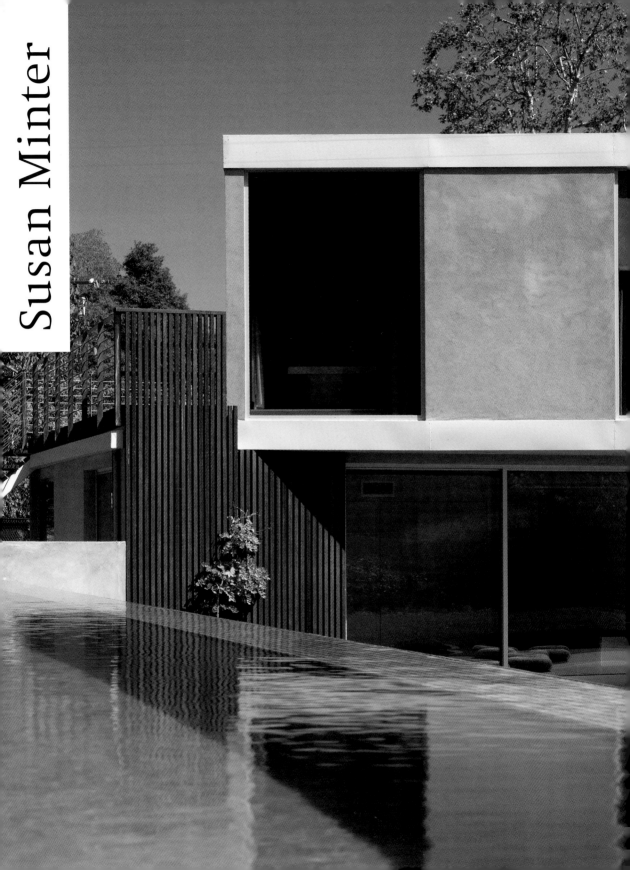

Susan Minter

Kaplan-Wright House, Los Angeles

Sullivan Canyon, just outside Los Angeles, has long been an upscale, desirable neighborhood with much undisturbed nature. The luxury ranch house was a popular home style in the 1950s. The new home with a yard for the Kaplan-Wright family is timelessly elegant and not singularly committed to any school of architecture. The high quality and excellent workmanship of the building materials contribute greatly to the overall noble impression. In its pure, unfinished state and with its lustrous polished surfaces, one sees concrete in its finest application. Alongside, wood as a finish for exterior and interior areas holds its own. There is red cedar, Douglas fir, cherry and pecan, whose different tones and textures communicate wonderfully. All of the wood comes from controlled, sustainable forestry. As this house shows, young Californians are engaged with the idea of sustainability—through intelligent ventilation concepts and the use of solar glass, one can live without air-conditioning.

Kaplan-Wright House, Los Angeles

Der Sullivan Canyon bei Los Angeles ist ein bevorzugtes Wohngebiet mit viel intakter Natur. In den 1950er-Jahren war hier die Luxusranch ein beliebter Wohntypus. Das neue Wohnhaus mit Garten für die Kaplan-Wright-Familie ist zeitlos elegant und keiner Schule einseitig verpflichtet. Die Hochwertigkeit und exzellente Verarbeitung der Baumaterialien trägt hingegen stark zum noblen Gesamteindruck bei. Unverputzt, mit glänzend polierten Oberflächen sieht man Beton hier in verfeinerter Anwendung. Ihm gleichberechtigt zur Seite gestellt ist Holz als Finish von Außen- und Innenbereichen. Es gibt Rotzeder und Douglasie, Kirsche und Pekanholz, deren unterschiedliche Tönungen und Strukturen wunderbar kommunizieren. Alle Hölzer stammen aus kontrolliert nachhaltiger Forstwirtschaft. Bei der jüngsten Generation kalifornischer Hausbauer hat eine Beschäftigung mit dem Thema Sustainability begonnen – intelligente Lüftungskonzepte und Sonnenschutzglas machen Klimaanlagen überflüssig.

Maison Kaplan-Wright, Los Angeles

Le Sullivan Canyon, aux portes de Los Angeles, est un quartier résidentiel très coté au cœur d'une nature préservée. Le ranch de luxe y était un type de maison très prisé dans les années 1950. La nouvelle résidence de la famille Kaplan-Wright possède une élégance intemporelle, et n'obéit à aucune école d'architecture. La qualité et la facture excellentes des matériaux contribuent beaucoup à l'impression de noblesse que dégage l'ensemble. Le béton à l'état pur, sans finition, avec ses surfaces polies et lustrées, trouve ici la meilleure des applications. Le bois employé comme finition pour les espaces intérieurs et extérieurs tient un rôle tout aussi important. Il y a du cèdre rouge, du pin d'Oregon, du cerisier et du bois de pécan, dont les couleurs et les textures interagissent à merveille. Le bois provient de forêts à gestion contrôlée. Cette maison est un exemple de l'intérêt que la jeune génération californienne porte à l'idée de durabilité : grâce à un concept d'aération intelligent et à l'utilisation de verre solaire, on peut vivre sans air conditionné.

The balanced thermal conductivity of concrete works well with the floor heating laid here.

Das ausgewogene Wärmeleitverhalten des Betons verträgt sich gut mit der Fußbodenheizung, die hier verlegt wurde.

La conductivité thermique équilibrée du béton fonctionne en tandem avec le chauffage au sol installé ici.

Tom de Paor

Duplex house, Dublin

After seven years of discussion with the clients, the building department and archeologists, a magical modern refuge took shape on one of the most unusual construction sites. Its one-story wall of quarry stones with only two modest wood door openings faces John Dillon Street. Growing grass is visible above the cordon. This used to be the churchyard wall and behind it a lot was available, but with the requirement not to build higher than one could see. As a result, the new duplex stretches approximately two floors underground, whereby the floors in this house run into one another and the bright stairwells are used as additional living space. The combination of atrium and skylights results in a surprisingly light-flooded home for this location. At the same time, the southwest orientation provides the rooms with optimal sunlight. Terraces and stairwells serve as light wells.

Doppelhaus, Dublin

Nach sieben Jahren Dialog mit Auftraggebern, Bauamt und Archäologen entstand an einem der ungewöhnlichsten Bauplätze ein magisches modernes Refugium. Es zeigt zur John Dillon Street hin eine eingeschossige Mauer aus Bruchstein, in der sich nur zwei bescheidene hölzerne Haustüren öffnen. Über dem Mauerkranz sieht man Gras wachsen. Hier war früher die Kirchhofmauer, und dahinter stand ein Grundstück zur Verfügung – allerdings mit der Auflage, dort nicht höher zu bauen, als man nun sehen kann. In der Konsequenz erstreckt sich das neue Doppelhaus in die Tiefe, ungefähr zwei Etagen, wobei bei diesem Haus die Ebenen ineinandergeschoben sind und die lichten Treppenräume als zusätzlicher Wohnraum genutzt werden. Die Kombination aus Atrium- und Oberlichtöffnungen ergibt eine für diesen Standort erstaunlich lichtdurchflutete Wohnung. Dabei konnten die Räume sogar durch Süd-West-Orientierung optimal mit Sonne versorgt werden. Terrassen und Treppen dienen als Lichtschächte.

Maison jumelle, Dublin

Après sept ans de discussion avec les clients, le service d'urbanisme et les archéologues, un refuge moderne et magique a pris forme sur un site des plus inhabituels. Son mur d'un étage en pierres de carrière, garni de seulement deux modestes portes en bois, donne sur John Dillon Street. On voit l'herbe pousser au-dessus de la couronne du mur. Le mur du cimetière se trouvait à cet endroit, et derrière se trouvait un terrain à bâtir, avec la contrainte de ne pas construire plus haut que le niveau du regard. La nouvelle maison s'enfonce donc d'environ deux étages dans le sol. Les plans s'imbriquent les uns dans les autres et les cages d'escalier lumineuses sont utilisées comme espaces habitables supplémentaires. La combinaison d'atriums et de lucarnes donne une maison où la lumière surprend par son abondance à cet emplacement. L'orientation sud-ouest des pièces leur assure un ensoleillement optimal. Les terrasses et les escaliers font office de puits de lumière.

Translucent sliding walls let light flow further horizontally, while mirrors and highly polished marble floors reflect it further.

Transluzente Schiebewände lassen Licht in der Horizontalen weiter fließen, Spiegel und hochglanzpolierte Marmorböden reflektieren es zusätzlich.

Les murs coulissants translucides laissent passer la lumière à l'horizontale, et les miroirs et les sols en marbre poli la multiplient.

All floors are naturally ventilated. Exterior spaces were planted from the roof to the ground level.

Alle Etagen sind natürlich belüftet. Vom Dach bis zum Bodenniveau wurden die Außenräume begrünt.

Tous les étages bénéficient d'une aération naturelle. Des plantes garnissent les espaces extérieurs du toit jusqu'au niveau inférieur.

The partial embedding of the home in the back garden is advantageous for insulation. With the building materials and woods used extensively in the interior spaces, ecologically proper origins and freedom from contaminants were considered.

Für die Isolierung ist die teilweise Einbettung der Wohnungen in den Bauaushub günstig. Bei den Baumaterialien und den Hölzern, die in den Innenräumen ausgiebig Verwendung fanden, wurde auf ökologisch korrekte Herkunft und Schadstofffreiheit geachtet.

L'adossement partiel de la maison dans le terrain du jardin est un atout pour l'isolation. Les matériaux et les bois utilisés avec prodigalité à l'intérieur ont été sélectionnés selon des critères d'origine écologique et d'absence de produits toxiques.

Tonkin Liu + Richard Rogers

Roof Garden Apartment, London

This new interpretation of a London townhouse includes a two-story apartment with a garden. A fine, white, net-like trellis surrounds the penthouse. It is a clever system on which climbing plants like wisteria and jasmine grow around the penthouse apartment, or rather in time will completely overrun it. The edge of the large roof terrace is also surrounded by a flowerbed. The architects have already addressed modern, original ways of greening façades on other projects. The home is excellently lit and passively warmed with solar heat through the large glazed areas on the south and west sides. In addition to the soft light refraction through the trellis, the shutters can be closed over the exterior façades. Ventilation slits mechanically provide fresh air to the rooms. Each of the five bedrooms has its own terrace. The bathroom ceiling consists of a large skylight. With a rainwater tank and two solar-electricity panes, the potential of the exposed site is exploited.

Dachgartenapartment, London

Diese Neuinterpretation des Londoner Stadthauses umfasst ein zweigeschossiges Apartment mit Garten. Ein feines, weißes, netzartiges Gitter umgibt das Penthouse. Es ist ein ausgeklügeltes System, an dem Rankpflanzen wie Glyzinie und Kletterjasmin um die Dachwohnung herum wachsen bzw. diese komplett überwuchern werden. Auch der Rand der großen Dachterrasse ist von einem Beet eingefasst. Die Architekten haben sich bereits in anderen Projekten mit modernen, originellen Formen der Fassadenbegrünung beschäftigt. Über die großen Verglasungsflächen der Süd- und Westseite wird die Wohnung hervorragend belichtet und passiv solar erwärmt. Zusätzlich zu der sanften Lichtbrechung des Rankgitters können Rollos vor die Außenfassaden gezogen werden. Lüftungsschlitze versorgen die Räume mechanisch mit Frischluft. Jedes der fünf Schlafzimmer hat eine eigene Terrasse. Die Decke des Badezimmers besteht aus einem großen Oberlicht. Mit einem Regenwassertank und zwei Solarstrompaneelen nutzt man das Potenzial der exponierten Lage.

Appartement et jardin de toit, Londres

Cette nouvelle interprétation de la maison de ville londonienne est un appartement de deux étages avec jardin. Un fin treillis blanc enveloppe cet attique comme un filet. C'est un système ingénieux sur lequel la glycine et le jasmin peuvent pousser autour de l'appartement, et même avec le temps complètement prendre possession de la surface. La grande terrasse de toit est aussi bordée de plates-bandes. Les architectes avaient déjà imaginé des concepts originaux de végétalisation de façade dans des projets antérieurs. Les grandes surfaces vitrées des côtés ouest et sud donnent à l'appartement une exposition excellente et un moyen de chauffage passif. La lumière tamisée qui pénètre à travers le treillis peut être encore atténuée grâce aux stores des façades. Les fentes de ventilation sont un moyen mécanique de fournir de l'air frais. Chacune des cinq chambres a sa propre terrasse. Le plafond de la salle de bains est une grande lucarne. Le potentiel du site est exploité avec une citerne d'eau de pluie et deux panneaux photovoltaïques.

In the middle of the increasingly densely-populated metropolis, in which lots are actually no longer available, an unusual building location was created on the roof of an old department store.

Mitten in der zunehmend dichter besiedelten Metropole, in der Grundstücke eigentlich nicht mehr zu haben sind, wurde auf dem Dach eines alten Kaufhauses ein ungewöhnlicher Bauplatz geschaffen.

En plein milieu de cette métropole de plus en plus densément peuplée, et où il ne reste plus de terrain à bâtir, un site de construction inhabituel s'est créé sur le toit d'un ancien grand magasin.

USE Architects

The Gap House, London

Life sprouts from every crack—one could say based on this unusual building solution. In fact, despite the unimaginably narrow façade width of exactly 3.3 meters, no trouble was spared in greening the apartment. At first glance, many plants and a roof garden are visible. In this gap between houses there was originally just a bakery perched on the ground floor. Now there is a complete house with seven floors. The inexpensive construction consists of an exterior assembly of steel beams and an internal wood structure. A comfortable home with sophisticated rooms stretches outward from the stairwell and into the depths. Naturally the open narrow ends of the parcel had to be entirely glazed to allow enough daylight into the shaft.

Das Haus in der Lücke, London

Leben sprießt aus jeder Ritze – könnte man anhand dieser ungewöhnlichen Baulösung sagen. Tatsächlich wurde trotz der unvorstellbar geringen Fassadenbreite von genau 3,3 m nicht an der Begrünung der Wohnzeile gespart. Man nimmt auf den ersten Blick viele Pflanzen und einen Dachgarten wahr. Ursprünglich gab es in dem Häuserspalt nur im Erdgeschoss einen provisorischen Einbau. Nun befindet sich hier ein vollwertiges Haus mit sieben Etagen. Die kostengünstige Konstruktion besteht aus einem äußeren Aufbau aus Industrie-Profilstahlträgern und einer inneren Holzstruktur. Ausgehend vom Treppenhaus, erstreckt sich eine komfortable Wohnung mit differenziertem Raumangebot in die Tiefe. Selbstverständlich mussten die geöffneten schmalen Seiten der Parzelle komplett verglast werden, um genug Tageslicht in den Schacht leiten zu können.

La maison dans la brèche, Londres

La vie jaillit dans toutes les brèches – comme le montre cette solution architecturale peu commune. Malgré une façade extrêmement étroite de seulement 3,3 m de largeur, on n'a reculé devant aucun effort pour végétaliser l'appartement. Au premier regard, on remarque de nombreuses plantes et un jardin de toit. Une boulangerie se pelotonnait dans cet espace entre deux immeubles. Elle a été remplacée par un édifice complet de sept étages. Cette construction économique se compose d'un assemblage extérieur de poutres industrielles en acier et d'une structure interne en bois. Un logement confortable doté d'espaces différenciés s'étend de la cage d'escalier vers les profondeurs du bâtiment. Bien entendu, l'étroit côté ouvert de la parcelle a été entièrement vitré afin de laisser pénétrer suffisamment de lumière à l'intérieur.

The Gap House took home first prize in the 2004 RIBA "Future House London" competition.

Das Haus „The Gap" erhielt den ersten Preis eines RIBA-Wettbewerbs zum Haus der Zukunft.

La maison « The Gap » a été récompensée du premier prix au concours RIBA « Future House London » en 2004.

Passive House L.-E., Feldkirch-Blumenau

The unusual feature of this single family home in Austria is surely the façade. A black, dense industrial material of environmentally friendly polyethylene covers the prefabricated, highly insulated wood-frame elements. The approximately 2m-wide lengths of material demonstrate a high level of windproofing and resistance to the elements. Seams of visible stainless-steel screws underscore the textile's character. The living rooms, with industrial parquet, have a cladding of clay plates. The use of prefabricated wood parts and a surrounding synthetic fabric as the façade's surface allowed for a short building time and low building costs. The house is a certified passive house and also a zero-emissions house, as aside from heat reclamation it has its own solar electricity system.

Passivwohnhaus L.-E., Feldkirch-Blumenau

Das ungewöhnlichste Merkmal des Einfamilienhauses in Österreich ist sicherlich die Fassade. Ein schwarzes dichtes Industriegewebe aus umweltfreundlichem Polyethylen umhüllt die vorgefertigten, hoch gedämmten Holzrahmenelemente. Die ca. 2 m breiten Gewebebahnen weisen eine hohe Winddichtigkeit und Witterungsbeständigkeit auf. Nähte aus sichtbaren Edelstahlschrauben unterstreichen den textilen Charakter. Die Wohnräume mit Industrieparkett haben eine Verkleidung aus Lehmplatten. Die Verwendung von Holzfertigteilen und die Nutzung eines umhüllenden Kunststoffgewebes als Fassadenhaut ermöglichten eine kurze Bauzeit und geringe Baukosten. Das Haus ist zertifiziertes Passivhaus und dabei außerdem Null-Emissionshaus, denn neben der vollständig regenerativen Wärmeversorgung verfügt es über eine eigene Sonnenstromanlage.

Maison passive L.-E. à Feldkirch-Blumenau

La caractéristique la plus inhabituelle de cette maison unifamiliale en Autriche est sans aucun doute sa façade. Une épaisse toile noire industrielle en polyéthylène écologique recouvre les éléments préfabriqués en bois pourvus d'une isolation efficace. Elle est appliquée en largeurs de 2 mètres, et fournit une protection efficace contre le vent et les intempéries. Les « coutures » visibles sous forme de vis en acier inoxydable soulignent le caractère du matériau. Les espaces de vie dotés d'un parquet industriel sont revêtus de plaques d'argile. L'utilisation d'éléments préfabriqués en bois et d'un tissu synthétique pour habiller la façade a réduit les délais et les coûts de construction. La maison est certifiée passive et sans émissions, car outre son système de chauffage à régénération thermique, elle dispose également de son propre système électrique solaire.

werk.um architekten

Passive Development, Karlsbad (Germany)

The buildings consistently open to the south and create a solar trap. The most modern home technology includes a comfort air-conditioning system for heat reclamation. Additional heat energy is produced via thermionic vacuum solar collector tubes and, when needed, by way of a centrally controlled wood pellet stove. Integrated insulation of the passive home's cover was one important aspect. Above the cellar level, massive, weight-bearing areas were shifted to the interiors of the buildings. The actual wood structure sits above the cellar and both areas could be fitted with a uniform floor screwed from the bottom plate to the roof. A transverse shear wall running over all three floors provides the interior spatial reinforcement for the structure. It houses the stairs. All of the air ducts, as well as the electricity installations, could be hidden in this central element. Radiant-heating elements were installed in the loam rendering of the shear wall.

Passivhaussiedlung Karlsbad (Deutschland)

Die Häuser öffnen sich konsequent nach Süden und bilden hier eine Sonnenfalle. Modernste Haustechnik umfasst eine Komfortlüftungsanlage zur Wärmerückgewinnung. Zusätzliche Heizenergie wird über Vakuumröhren-Solarkollektoren und, bei Bedarf, über eine zentral gesteuerte Holzpelletofenheizung gewonnen. Ein wichtiger Aspekt war eine durchgängige Isolierung der Passivhaushülle. Ab dem Kellergeschoss wurden massive, tragende Bereiche ins Innere der Häuser verlegt. Auf dem Keller sitzt nun der eigentliche Holzbau, und beide Bereiche konnten von der Sohle bis zum Dach mit einer einheitlichen Dämmebene versehen werden. Eine querliegende, über alle drei Geschosse laufende Wandscheibe übernimmt im Inneren die räumliche Aussteifung der Gebäude. Sie trägt die Treppe. Sämtliche Lüftungskanäle sowie die Elektroinstallation konnten in diesem zentralen Element verborgen werden. Auf der Wandscheibe wurden Strahlheizungselemente in Lehmputz verlegt.

Complexe passif, Karlsbad (Allemagne)

Les bâtiments sont tous ouverts sur le sud et créent un piège à soleil. Les logements sont équipés des technologies les plus modernes, notamment un système d'air conditionné à récupération de chaleur. Des capteurs solaires thermiques à tubes vacuum et un poêle à pellets de bois apportent de l'énergie supplémentaire en cas de besoin. L'isolation intégrée de la coque de ces bâtiments passifs est un élément important. Au-dessus du sous-sol, de grands espaces porteurs ont été transférés à l'intérieur des bâtiments. La structure en bois en elle-même repose au-dessus de la cave, et les deux espaces ont pu être revêtus d'une même couche d'isolation du sol au plafond. Les trois étages sont traversés par un mur massif qui apporte un raidissement spatial à l'intérieur des bâtiments. Il abrite les escaliers. Tous les conduits d'aération ainsi que les installations électriques sont dissimulés dans cet élément central. Des éléments de chauffage rayonnant ont été intégrés à la finition en argile du mur massif.

The housing area serves the builder, an energy- and environmental-technology company, also as a demonstration structure with model and guest apartments.

Die Wohnanlage dient dem Bauherrn, einem Unternehmen für Energie- und Umwelttechnik, auch als Demonstrationsobjekt mit Muster- und Gästewohnungen.

Le complexe résidentiel sert aussi d'espace d'exposition au constructeur, une entreprise de technologie énergétique et écologique, avec des appartements modèles et d'hôtes.

Each house has its own entrance with a closed vestibule for heat insulation.

Jedes Haus hat einen Eingang mit geschlossenem Windfang zur Wärmeisolierung.

Chaque bâtiment possède sa propre entrée avec un vestibule fermé pour conserver la température.

The floor plans are zoned. In the south are the living room and nursery; in the north the kitchen, bedrooms and bathrooms.

Die Grundrisse sind zoniert. Im Süden befinden sich die Wohn- und Kinderzimmer, im Norden die Küche, Schlafräume und Bäder.

Le plan est divisé en zones. La salle de séjour et la chambre des enfants se trouvent au sud, la cuisine, les chambres à coucher et les salles de bains au nord.

The arcade-like balcony area takes on a sun-protection function in the summer.

Der laubengangartige Balkonbereich übernimmt im Sommer Sonnenschutzfunktionen.

En été, les balcons couverts protègent les bâtiments du soleil.

The arcade construction hangs from the roof to avoid heat-conducting wall penetrations.

Die Laubenkonstruktion ist vom Dach abgehängt, um wärmeleitende Wanddurchbrüche zu vermeiden.

Les balcons sont suspendus au toit afin d'éviter que leur structure ne pénètre dans les murs et n'y conduise la chaleur.

Wilfried Kaufmann

Qigong House, Mönchengladbach (Germany)

The one-story wooden home with its staggered floor plan allows flowing transitions between interior and exterior spaces, blends unobtrusively into the existing park surroundings and is analogous to traditional Far Eastern building forms. The floor heat on the one hand and a mechanical ventilation system on the other contribute to an improved living climate. Thanks to its lightness and transparence, the structure awakens associations with Far Eastern buildings and underlines its name of 'Qigong' House. It is a combination wood-frame building with steel struts and glulam headers. The steel struts lie at the outer ends of the headers so the cold material does not bisect the wood wall. On the protruding weatherboard is a green roof.

Qigong-Haus, Mönchengladbach (Deutschland)

Das in Analogie zu traditionellen fernöstlichen Gebäudeformen gestaltete eingeschossige, hölzerne Wohnhaus mit seinem in sich gestaffelten Grundriss erlaubt fließende Übergänge zwischen Innen- und Außenraum und fügt sich dezent in die vorhandene Parkumgebung ein. Zur Verbesserung des Wohnklimas tragen eine Fußbodenheizung einerseits und eine mechanische Lüftung andererseits bei. Die Konstruktion weckt dank ihrer Leichtigkeit und Transparenz Assoziationen an fernöstliche Bauten und unterstützt die Bestimmung als Qigong-Haus. Sie ist eine Kombination aus Holzrahmenbau mit Stahlstützen und Brettschichtholz-Bindern. Die Stahlstützen liegen am äußeren Ende der Binder, und das kalte Material durchschneidet somit nicht die Holzwand. Auf der ausladenden Stülpschalung befindet sich ein Gründach.

Maison Qigong, Mönchengladbach (Allemagne)

Cette maison de plain-pied, avec son plan en décalage, autorise des transitions fluides entre les espaces intérieurs et extérieurs, s'intègre discrètement au parc qui l'entoure et établit une analogie avec les formes architecturales de l'Extrême-Orient. Le chauffage au sol et un système d'aération mécanique contribuent à améliorer le climat des espaces intérieurs. La légèreté et la transparence de la structure évoquent les maisons de la lointaine Asie, et soulignent son utilisation comme « maison du Qigong ». C'est une combinaison de structure en bois avec des piliers en acier et des traverses en bois lamellé. Les piliers en acier sont placés aux extrémités des traverses afin que le matériau froid ne recoupe pas le mur en bois. Un toit végétal repose sur le revêtement à clins.

The generously sized window surfaces are not a drawback even in summer. Translucent shades on the outside allow light to pass but protect against overheating.

Die großzügig bemessene Fensterfläche bedeutet auch im Sommer keine Beeinträchtigung. Transluzente Rollos an der Außenseite lassen Licht passieren, schützen jedoch vor Überhitzung.

Les surfaces généreuses des fenêtres ne sont pas un inconvénient, même en été. À l'extérieur, des stores translucides laissent passer la lumière mais protègent contre la chaleur.

Index | Verzeichnis

Directory

amrein giger architekten
Basel, Switzerland
www.amreingiger.ch
Photos: Adriano A. Biondo/
biondopictures.com

Anne Lampen Architekten
Berlin, Germany
www.anne-lampen.de
Photos: Holzabsatzfonds

Architekturbüro Fachwerk4
Wirges, Germany
www.fachwerk4.de
Photos: Holzabsatzfonds

Architekturbüro Reinberg
Vienna, Austria
www.reinberg.net
Photos: Georg Reinberg,
Severin Wurnig (family home),
Rainer Schimka (roof upgrade)

Architekturbüro Reyelts
Karlsruhe, Germany
www.reyelts.de
Photos: Hinrich Reyelts

architektur_raum bauer
Schalkenbach, Germany
www.bauer-sternberg.de
Photos: Holzabsatzfonds

Associated Architects
Birmingham, United Kingdom
www.associated-architects.co.uk
Photos:
arcaid/ Martine Hamilton Knight

Baily Garner
London, United Kingdom
www.bailygarner.co.uk
Photos: arcaid/ Ben Luxmoore

BAUFRITZ
Erkheim, Germany
www.Baufritz.de
Photos: BAUFRITZ

BBM Sustainable Design
Lewes, United Kingdom
www.bbm-architects.co.uk
Photos: BBM Sustainable Design

bucholzmcevoyARCHITECTS
Dublin, Ireland
www.bmcea.com
Photos: Michael Moran

driendl*
Vienna, Austria
www.driendl.at
Photos: driendl/ Lew Rodin

Fernau & Hartman
Berkley, CA, USA
www.fernauhartman.com
Photos: arcaid/
J. E. Linden (Mann Residence),
A. Weintraub (West Marin House)

grabowski.spork architektur
Wiesbaden, Germany
www.gs-architektur.de
Photos: Holzabsatzfonds

Halle 58 Architekten
Bern, Switzerland
www.halle58.ch
Photos: Christine Blaser

Howard Backen
Sausalito CA, USA
www.bgarch.com
Photos: arcaid/ Alan Weintraub

Jeremy Till + Sarah Wigglesworth
London, United Kingdom
www.swarch.co.uk
Photos: arcaid/ Morley von Sternberg

Junquera Arquitectos
Madrid, Spain
www.junqueraarquitectos.com
Photos: arcaid/ Jesus Granada/ Fabpics

Lyman Perry Architects
Matthew T. Moger, Principal
Berwyn PA, USA
www.lparchitects.com
Photos: © Totaro

Marsh and Grochowski
Nottingham, United Kingdom
www.marsh-grochowski.com
Photos:
arcaid/ Martine Hamilton Knight

Marwan Al-Sayed
Phoenix AZ, USA
www.masastudio.com
Photos: Bill Timmerman

McBride Charles Ryan
Prahan VIC, Australia
www.mcbridecharlesryan.com.au
Photos: arcaid/ John Gollings

Mickey Muennig
Big Sur CA, USA
www.mickeymuennig.com
Photos: arcaid/ Alan Weintraub

Nomadhome
Seekirchen, Austria
www.nomadhome.com
Photos: Nomadhome GesmbH

Pich Aguilera
Barcelona, Spain
www.picharchitects.com
Photos: © artur/ Quickimage

Pugh + Scarpa
Santa Monica CA, USA
www.pugh-scarpa.com
Photos: Marvin Rand

Raimund Rainer
Innsbruck, Austria
www.architekt-rainer.at
Photos: Markus Danzl,
© simonrainer.com

r-m-p Architekten
Mannheim, Germany
www.r-m-p.de
Photos: r-m-p/ Roland Matzig

Robert Grodski
Melbourne, Australia
www.grodskiarchitects.com
Photos: arcaid/ John Gollings

roos architekten
Rapperswil, Switzerland
www.roosarchitekten.ch
Photos: Bernhard Roos

Sheppard Robson
London, United Kingdom
www.sheppardrobson.com
Photos: Sheppard Robson

Susan Minter Design
London, United Kingdom
sue@susanminter.com
Photos: arcaid/ David Churchill

Tom de Paor
Dublin, Ireland
www.depaor.com
Photos: arcaid/ Morley von Sternberg

Tonkin Liu + Richard Rogers
London, United Kingdom
www.tonkinliu.co.uk
Photos: arcaid/ G. Jackson,
arcaid/Richard Bryant

USE Architects
London, United Kingdom
www.usearchitects.com
Photos: arcaid/ Morley von Sternberg

Walter Unterrainer
Feldkirch, Austria
www.architekt-unterrainer.com
Photos: Walter Unterrainer

werk.um architekten
Darmstadt, Germany
www.werkum.de
Photos: Thomas Ott/www.o2t.de

Wilfried Kaufmann
Mönchengladbach, Germany
www.aretz-kaufmann.de
www.archika.de
Photos: Holzabsatzfonds

© 2009 Tandem Verlag GmbH
h.f.ullmann is an imprint of
Tandem Verlag GmbH

Research, Text and Editorial:
Barbara Linz
Layout:
Ilona Buchholz, Cologne
Produced by:
ditter.projektagentur gmbh
www.ditter.net
Design concept:
Klett Fischer
architecture + design publishing

Project coordination
for h.f.ullmann:
Dania D'Eramo

Translation into English:
Sharon Rodgers for Equipo de
Edición S.L., Barcelona
Translation into French:
Aurélie Daniel for Equipo de
Edición S.L., Barcelona

Printed in China

ISBN: 978-3-8331-5465-2

10 9 8 7 6 5 4 3 2 1
X IX VIII VII VI V IV III II I

If you like to stay informed about forthcoming h.f.ullmann titles, you can
request our newsletter by visiting our website (**www.ullmann-publishing.com**)
or by emailing us at: newsletter@ullmann-publishing.com.

h.f.ullmann, Im Mühlenbruch 1, 53639 Königswinter, Germany, Fax: +49(0)2223-2780-708